LOS ABUELOS

Su importancia en la familia

Copyright © EDIMAT LIBROS, S. A.

ISBN: 84-9764-316-X
Depósito legal: M-48688-2002
Fecha de aparición: Febrero 2003

Colección: Guía de padres
Título: Los abuelos
Autor: Mariano G. Ramírez
Diseño de cubierta: El ojo del huracán
Impreso en: LÁVEL

IMPRESO EN ESPAÑA – *PRINTED IN SPAIN*

LOS ABUELOS

Su importancia en la familia

MARIANO GONZÁLEZ RAMÍREZ

MAR

*Este libro se lo dedico a Laureano,
Catalina, Satur y Encarna, los abuelos más sensibles, humanos y entrañables que he conocido en mi vida.*

PRÓLOGO

Este libro lo he escrito pensando en vosotros, jóvenes y adultos, para sensibilizaros del valor tan importante que tienen las personas mayores. Y para que os déis cuenta que dentro de vosotros también hay un abuelo. A medida que pasa el tiempo aparecen muchos signos que nos dan a entender el hecho de que ya no somos tan jóvenes y que es verdad que nos arrugamos y envejecemos. Todos por igual, y si llegamos a una edad avanzada, nos convertimos ineludiblemente en abuelos.

Quizá siendo un poco más consciente de la realidad podamos comprender a los mayores para amarlos como se merecen, porque el tiempo vuela y el reloj biológico se pone en marcha en el mismo instante de la unión del óvulo y el espermatozoide que lo fecunda. Tenemos un tiempo para vivir y misteriosamente se va desencadenando en todas nuestra células una degeneración progresiva hacia la muerte biológica. Los científicos dicen que el envejecimiento es consecuencia de la oxidación celular y todos los seres vivos tienen su medida de tiempo para vivirla segun el «ritmo de su vida».

Los perros viven trece, quince y a lo sumo veinte años; los ratones, no más de cinco años; las avispas, unos meses, y nosotros los seres humanos, que tambien pertenecemos a la naturaleza y a menudo se nos olvida, tenemos tambien un tiempo para ser niños, jóvenes, adultos y abuelos hasta que la muerte nos llega irremediablemente.

Repito: vosotros también seréis abuelos y por este motivo tan importante, cuanto antes os hagais conscientes de esta realidad, podréis desarrollar una actitud positiva hacia ellos que resultará beneficiosa para todos.

En vuestra plenitud física, miráis a las personas de edad avanzada con una actitud muchas veces prepotente e irrespetuosa. Os sentís superiores por el hecho de ser jóvenes, y lo peor de todo es vuestra falta de cariño y comprensión, efecto de la enfermedad más terrible que asola al mundo: la deshumanización.

Desechad cuanto antes esta actitud estupida porque es un engaño; nadie puede sentirse superior por el hecho de ser más fuerte y más joven. Esta forma de ser es ciega e ignorante e incapaz de comprender el valor profundo de las personas mayores.

Hoy son ellos los viejos pero mañana lo serás tú. Tú serás físicamente más fuerte ahora, pero por dentro todavía te queda vivir la experiencia de toda una vida y esto sí que tiene un significado profundo dentro del orden misterioso de la naturaleza. La experiencia mental es la oportunidad que tiene toda persona para desarrollar su diversidad interior. El control del pensamiento y las emociones es una tarea que nos llevará toda una vida. Encauzar la mente y la vida es el objetivo y el sentido más profundo de vivir. Toda persona mayor consciente de la experiencia de vivir, llega así a comprender la existencia como algo necesario y como una razón abierta al entendimiento de la evolución de la vida con sentido y trascendencia.

Jóvenes y adultos, no arremetáis contra la dignidad de la edad avanzada, porque ella es poseedora de virtudes necesarias para que la civilización evolucione conforme a una realidad viva y ejemplar. A los buenos ancianos se les recordará a través de generaciones y generaciones como eslabones de las cadenas que van tejiendo un mundo bueno, sabio, alegre y armonioso. La mayoría de ellos, al final de sus vidas, dan sentido a la sensibilidad, a la humanidad necesaria, al amor, porque desde la carencia de egoísmo e intereses se viva la otra dimensión profunda que llevamos dentro todos los seres humanos. Porque sin preocupaciones interesadas, la vida recobra una dimensión distinta de entrega y amor, que es en realidad la verdadera dimensión y por la que todos los seres humanos estamos aquí.

Mi madre recuerda a su abuela Araceli, aquella mujer sana y sabia que le transmitió esencias de amor. Yo recuerdo a mi abuelo José y a mi abuela Cata como seres justos y honestos que me inspiran muchas veces a ser bueno. Mis sobrinos vibran de alegría cuando se encuentran con su abuela Catalina (mi madre); ella es puro amor y entrega. Satur y Encarna, abuelos ejemplares que reúnen a sus nietos en lo profundo de sus corazones buenos. Plácido y Nina; Juanito y Amelia... Conozco a muchos seres humanos con corazón, y me alegra.

A mí me gustaría ser para mis nietos, que todavía no los tengo, un abuelo ejemplar. Mis hijos, a la vez, me gustaría que fueran, sucesivamente, aprendices de valores para elevar el listón de la evolución genética del equilibrio de la gran familia humana universal.

¿Os dais cuenta de la importancia que tiene ser abuelo? Y sin embargo, la maldita y estúpida sociedad materialista les relega a extinguirse en soledad, desamparo y abandono. El terror y la vergüenza a envejecer se adueña de multitud de personas. Todos sentimos miedo a ser aborrecidos por las arrugas y la falta de vigor. «Vanidad de vanidades», y sin embargo todos colaboramos como necios inconscientes a la discriminación de los seres humanos que han llegado a la edad de oro. Edad destinada a entrar en las instituciones de ancianos donde se encuentra la igualdad de la edad. Del jardín de infancia al asilo o la residencia media toda una vida y de nuevo se les trata como a niños. ¡Es que los viejos son como niños! —dice una estúpida cuarentona de la nueva ola insolidaria e inhumana, que acaba de dejar a su madre en la residencia de ancianos. Ella tiene un gran chalé, un buen sueldo, vive de p... madre, pero no tiene tiempo ni dinero para su madre. Este tipo de malas personas abundan. No cabe duda que existen otras circunstancias imperiosas que obligan a las personas a tomar la dirección del asilo, pero la deshumanización es un hecho y manifestación muy frecuente en esta sociedad histérica y desértica.

Los ancianos son una carga y el hecho de envejecer físicamente, una desgracia. ¿No os parece que algo no funciona o funciona mal? ¿Qué tipo de inconsciencia y maldad se adueña de tanto salvaje para maltratar a los más débiles del mundo?

«Ignoramos el hecho de que en el envejecimiento existe algo más que la edad cronológica. Sin importar la condición o vulnerabilidad del organismo, la persona no es menos ser humano, continua teniendo capacidades humanas para sentir y compartir, para la amistad, la creatividad y la producción.

Es del todo cierto que con la edad se experimentan unos cambios biológicos determinados; pero las personas siguen siendo individuos reales y se comportarán como tales si se les permite hacerlo así. En realidad, en muchos casos los años les han ayudado a crecer en honestidad y en tolerancia. La sensibilidad parece ser más el resultado de sensaciones de inutilidad y de limitaciones que de un decaimiento físico y mental.

La vejez siempre sorprende al hombre. Raramente sentimos nuestra edad, sí la vemos reflejada en los demás pero no la percibimos directamente. Desde luego somos conocedores de nuestro desgaste físico, pero esto difícilmente es una razón para la autocompasión, la autocomplacencia, el fanatismo o la jubilación.

El desafío consiste en ser natural en cada etapa de la vida. La edad avanzada tiene en sí misma un propósito, y debemos elegir el sacrificio o el actualizarlo. La esperanza es una parte real del futuro, e incluso en la edad avanzada cabe elegirla: no se trata de la esperanza en la inmortalidad, en una juventud revivida o en la de evadirnos en el pasado, porque nos hallemos cómodos en él y porque no tengamos otro lugar a donde ir, la esperanza debe ponerse en la búsqueda continua del propio yo. Es necesario dar significado a los valores recientemente adquiridos, así como las virtudes y obligaciones que la ancianidad brinda, sin olvidarnos de las intensas formas de sentir, experimentar y percibir que nos ofrece.

Maslow se refirió a la ancianidad como la "vida después de la muerte". La describió como un tiempo en que "todo se hace doblemente preciso, se convierte en penetrantemente importante. Se siente uno hechizado por las flores, por los bebés y por las cosas bellas". La muerte no es algo extraño a la edad, pues en un sentido muy auténtico la vida constituye una serie de muertes a medida que se completa cada acto o etapa. Montaigne sugirió que "la muerte es el momento en que termina el morir". Realmente la muerte no es nada más que el agotamiento de un tiempo prestado. Pero esta no es una idea nueva para los ancianos, puesto que nunca tuvieron tiempo suficiente. No obstante, el tiempo en sí mismo carece de sentido cuando contiene el pasado y el futuro en el presente. El empeño de las personas ancianas debe cifrarse en continuar viviendo el ahora.»

Leo Buscalia

Aquí y ahora

Deseo que este libro rebose amor hacia los abuelos porque con ellos la vida tiene un significado muy profundo. Yo no podría escribir seco de amor. El amor me estimula a crear un libro para elevar la conciencia, para saber de lo necesarias que son las personas mayores, que entienden desde el profundo amor, la entrega a la dura tarea de envejecer amando. Sé que todas las personas no son iguales. Habrá abuelos y abuelas que hayan tenido una vida insulsa y vacía y no amen, pero incluso a estos seres, por su edad, tenemos que comprenderlos en profundidad, porque no sabemos las causas que llevaron a estas personas a forjarse su caracter antipático, egoísta e incluso antisocial. La vida se torna muy dura para multitud de personas que no han sabido encajarla desde el equilibrio y el conocimiento. O porque han sido víctimas de circunstancias terribles. Hay abuelos y abuelas enfermos y todos necesitan nuestro cariño, respeto y amabilidad. Por este motivo y para que seas buen abuelo, una parte de este libro te enseña la profesión más humana e importante de la vida. Desde el preciso instante en que te haces consciente de la velocidad a que pasan los años de nuestra existencia, desde ese momento sentirás la necesidad de prepararte para comprender, más allá de tu juventud, el significado de ser abuelo.

Antes de ver las canas y tus arrugas de viejo, debes comprender el papel tan importante que tienes que desempeñar en la sociedad, aunque ésta te rechace y niegue tus valores y la sabiduría adquirida por los años. ¿Quién me iba a decir a mí a los doce, a los dieciocho, a los veinte, a los treinta, a los cuarenta años... que yo también sería un abuelo. Y sin embargo, ahora que tengo cuarenta y seis años y veo mi calva, mis canas, mis arrugas y multitud de veces veo menguada mi agilidad, presiento que dentro de veinte años más habré entrado en ese tiempo breve pero intenso, antes de traspasar la gran verdad: la muerte. Pero dentro de mí siempre brillará el niño, el joven y los recuerdos agradables y tristes, y sobre todo nunca morirá mi rebeldía y ese extraño impulso interior que me hace estar siempre protestando por las injusticias y en contra siempre de la maldad que somete a los seres humanos a su capricho infame.

EL AUTOR

Figura 1.—*La abuela Catalina.*

CAPÍTULO I

EL RITMO DE LA VIDA.
¿POR QUÉ ENVEJECEMOS?

No podrás creerlo, pero cuando tenía treinta y cinco años quise entender a las personas mayores sobre todo por empatizar más con ellas. Mis padres por aquellas fechas tenían sesenta y tantos años. Aquella actitud fue para mí un hecho que me marcó muy profundamente. Mis deseos transformaron mi mente y empatizaba con la mentalidad de mis padres y todas las personas de la misma edad e incluso mayores, y perdí en muchos aspectos la conciencia de mi juventud treintañera. ¡No podía creerlo! Era joven pero me sentía viejo. Aquello era como una experiencia de sensaciones kafkianas. Muchas personas, para tomar conciencia de que se hacen mayores, tienen que mirar las huellas del tiempo en su propio cuerpo. Ver las arrugas, las canas... Yo tenía que tomar conciencia de mi cuerpo joven para entender que no era un viejo. ¡Qué cosas! Dar marcha atrás y situarme conscientemente a la hora biólogica en la que me encontraba me supuso un gran esfuerzo y os puedo asegurar que no me siento todavía ajustado a la realidad. Tengo cuarenta y seis años y estoy viviendo una vida interior de un abuelo. Me siento muy joven y muy viejo, y sólo el espejo, cuando me miro, fija en mi interior la realidad. Sé que ya no soy tan joven, pero tampoco soy tan viejo, aunque las canas y las arrugas de los años me llevan a entender que el tiempo no pasa en balde y transforma irremediablemente nuestro cuerpo.

Esta fue para mí una lección muy importante de cómo la mente es capaz de transformarse para percibir otros estados, y a la vez, no percibimos el proceso de envejecimiento, quedándonos anclados en edades de niñez o juventud. ¿Mereció la pena este viaje para tratar de entender la mentalidad de la persona mayor? Sí, desde luego, pero es algo que no te recomiendo porque la vida hay que vivirla en las diferentes etapas que nos corresponden y sobre todo en el presente, siendo conscientes del proceso de nuestro cuerpo. No podemos vivir con la idea de ser viejos cuando somos jóvenes o a la inversa, pensando que somos jóvenes cuando en realidad la vida ha dejado ya sus huellas en nuestra mente y nuestro cuerpo.

Aquí y ahora está nuestra vida de niños, jóvenes, adultos y viejos. Aquello que hice fue traspasar la frontera de mi propia juventud para sintonizar, empatizar y comprender la vida de mis seres amados de edad avanzada. No te aconsejo este viaje de mentalización porque es muy difícil de nuevo retornar para volver a vivir tu propio proceso. Después, es posible que incluso no percibas del todo tu cuerpo todavía joven y creas que es viejo, como quizá lo sientas mentalmente.

¿Fue una estupidez aquella experiencia? No lo sé, lo que creo es que mereció la pena porque fui consciente de que muchos seres humanos se arrugan por fuera, mientras que por dentro conservan la frescura de las energías creativas de la vida que fluyen como manantiales inagotables. Tambien entendí que había que amar a las personas mayores desde uno mismo, desde nuestra edad biológica, con el respeto de nuestro profundo y sano entendimiento. No es cuestión de hacerse viejo para entender, es necesario crecer en conocimientos para saber del profundo significado de las personas mayores.

La evolución mental tendría que seguir el mismo ritmo de evolución y deterioro físico, pero no es cierto, en innumerables casos la mente se siente joven y llena de vigor, arrastrando un cuerpo viejo. Parece como si con la edad el espíritu se rejuveneciese y, como la serpiente, necesitara cambiar de piel. Así el ser humano quiere desprenderse de su cuerpo y rejuvenecer de nuevo para continuar viviendo sin límite. ¿Cuántos ancianos se van de este mundo sabiendo que no han terminado su obra empezada, sintiendo sus energías, conocimientos y creatividad con un volumen de capacidad superior a cuando eran niños y jóvenes? ¿Este proceso da sentido a la resurrección o a la reencarnación para seguir un ritmo de evolución más allá del viejo cuerpo físico, que tiene que ver con el espiritu: energía que se manifiesta en los seres humanos con potencia ya desde la niñez?

Ritmo de la vida

Todo está por desvelar encerrado en el misterio, y aquello que la ciencia puede demostrar es que la materia se deteriora. Cuando el hierro se ha oxidado se llama herrumbre. Cuando este proceso sucede en el bronce lo llamamos pátina y es la película verde que lo cubre. Y cuando los seres humanos nos oxidamos lo llamamos envejecimiento

Es curioso lo que dice Steven N. Austad, destacado especialista en el campo del envejecimiento:

«Los ratones viven poco y rápidamente mientras que las tortugas viven mucho y lentamente. Los ratones tardan menos de dos meses en pasar de la infancia a la edad adulta y suelen vivir unos dos años más o menos, incluso en laboratorios de ambiente controlado donde se les dan las mejores dietas, científicamente diseñadas. En contraste, las tortugas Blanding tardan unos quince años en alcanzar la edad adulta y pueden vivir más de setenta años, incluso en las difíciles y hostiles condiciones de su medio natural. Debe esconderse algún mensaje profundo relativo a la paradoja del envejecimiento —el que los animales se vayan debilitando inexorablemente con el paso del tiempo, a pesar de su capacidad para regenerarse y curarse— en el hecho de que algunas especies, como los ratones, se quemen y mueran jóvenes mientras que otras, como las tortugas, deambulan durante décadas de vida a un paso más majestuoso.

Hay una idea que ha estado al acecho durante siglos en la intuición humana —o inconsciente colectivo—: se trata de la teoría ahora llamada del ritmo de la vida, según la cual el envejecimiento es debido directamente al ritmo como se vive.

Ritmo de vida suena muy bien, desde luego; pero, ¿qué significa exactamente? ¿Significa que las aves como los vencejos, que literalmente se pasan la vida realizando vuelos rápidos, vivirán menos que los perezosos, más sedentarios? ¿O que los apresurados ejecutivos vivirán menos que los libreros? En una palabra, sí. Eso es exactamente lo que significa para algunos.

Otra manera de ver el ritmo de la vida consiste en pensar que los ratones no sólo crecen y envejecen más rápido que las tortugas, sino que lo hacen todo más rápidamente: se mueven mas rápidamente, crecen más rápidamente, respiran y digieren más rápidamente y su corazón tambien late más rápidamente. ¿Por qué? Básicamente porque queman energía más rápidamente y tienen una temperatura corporal más elevada que la de las tortugas. El consumo rápido de la energía y una temperatura corporal más elevada que la de las tortugas. El consumo rápido de la energía y una temperatura corporal más elevada implican que los acontecimientos bioquímicos necesarios para la vida acontecerán con mayor rapidez. La velocidad de consumo de energía de un animal cualquiera depende, por una parte, de su temperatura corporal (la velocidad de las reacciones químicas se multiplica de dos a tres veces con cada incremento de temperatura de 10 ºC), y por otra, de su legado genético. La mayoría de los mamíferos, por ejemplo, tienen la misma temperatura corporal que nosotros (37º), si bien el ritmo al que la energía es consumida difiere considerablemente de una especie a otra.

La teoría del ritmo de la vida postula que lo que causa y regula el envejecimiento es el ritmo de consumo de energía —es decir, la velocidad metabólica— y la consiguiente actividad bioquímica. Se trata de una teoría de la imperfección bioquímica. Los procesos bioquímicos de la vida tendrán inevitablemente efectos secundarios: quizá unas proteínas implicadas en una reacción resulten dañadas, digamos por unos radicales libres; puede que unos subproductos tóxicos de unas reaccciones queden sin ser neutralizados; o quizá unos residuos inertes se acumulen, llenando progresivamente células hasta paralizar su correcto funcionamiento. Cuando estén dañadas las suficientes células, moriremos.

Los científicos todavía no han descubierto la causa que nos hace envejecer, ni modificar en absoluto el ritmo al que nuestro cuerpo se deteriora. El elixir de la eterna juventud no existe; no obstante, han aparecido métodos que permitirán cultivar en el laboratorio toda clase de células animales, y gracias a los progresos en la identificación y separación de los genes asociados a determinados fenómenos, seguramente podremos empezar, dentro de unos pocos años, a injertar genes antioxidación de aves en ratones para intentar reproducir la misma resistencia celular de las aves. Si se confirmaran las actuales teorías del envejecimiento, este sería un gran paso adelante hacia los diez años de duración de la vida para los ratones y, quizá, de ciento cincuenta años para los humanos.

Después de siglos de fraude y falsas esperanzas, el envejecimiento podría, por fin, estar a punto de rendirse a la manipulación científica. Esta es una época fascinante para estar en vida.»

Futuro incierto

No cabe duda que esta época tiene muchas facetas interesantes y sorprendentes. Los abuelos del futuro serán aquellos que cumplan los ciento veinte o ciento treinta años por lo menos. Un hombre de noventa todavía será un adulto apuesto. Ante esta nueva perspectiva me surgen muchas preguntas y miedos. ¿Cómo podrá resistir un sistema mundial inhumano a personas tan longevas? Esa es una pregunta entre tantas como se pueden hacer. La ciencia investiga y se mercantiliza y la mentalidad mercantilizada está demostrado que se desliga de las emociones nobles: destruye los valores que dan sentido a la humanidad. Sería horrible desde luego contemplar la cara de una humanidad centenaria agarrada a la eterna juventud, mientras nuevas generaciones empujan por conseguir el espacio vital que les corresponde. Las generaciones se agolparían produciendo masificación y graves problemas de desequilibrios. Pero con objetividad, ¿quiénes tendrían la oportunidad de alcanzar los ciento cincuenta años? ¿Quizás y como siempre unos pocos privilegiados ricos, o algún que otro científico...? ¿Los veríamos gozar de larga vida, mientras que el resto de los seres humanos del planeta seguirían en las mismas condiciones infrahumanas? Pero, si todos los seres humanos nos convertimos en abuelos centenarios... ¿cómo afectará al equilibrio demográfico la longevidad?

Según los expertos dentro de poco tiempo, el 25 % de la población de Europa tendrá más de sesenta y cinco años. Según la prensa, y de acuerdo con un estudio de Francisco Zamora López, en el año 2000 la población de ancianos doblará a la de niños, esto es, que por cada menor de quince primaveras habrá dos personas mayores de setenta y cinco años. Se prevé que en este año 2000 habrá en EE.UU. más ciudadanos mayores de cincuenta y cinco años que niños menores de catorce, lo que supondrá un desequilibrio demográfico sin precedentes. También en EE.UU. a principios de siglo sólo había catorce abuelos por cada cien padres, mientras que hoy la proporción es del 48 %. Pero a menudo se desaprovecha su valiosa contribución a la vida familiar. Curiosamente, en el desequilibrio generacional imperante, hay en la actualidad más personas que nunca con posibilidades de ser abuelos, pero cada vez hay menos nietos.

Parece ser que los países más avanzados, plenamente convencidos de haber encontrado la fórmula ideal para atender a sus ancianos, ya no están tan seguros de haber acertado. Las despampanantes residencias, abundantes actividades y recreaciones, asesores psicólogos, asociaciones de ayuda... no resultan suficientes. A los abuelos les falta algo. ¿Quizá el calor del hogar? ¿Los afectos que muchas de estas instituciones no tienen, por ser desiertos de emociones nobles?

No voy a alargarme más en este asunto, que indiscutiblemente es apasionante, pero no es tema para tratarlo en este libro porque es necesario que abunde en la profunda humanidad y valor del abuelo a través de la abuela Catalina, un ejemplo a seguir que perdurará en el tiempo.

Conciencia del niño, del abuelo, de la vejez y de la muerte

Ahora tengo la oportunidad de escribir de la profundidad humana y natural del abuelo. Del significado de nuestros mayores, sentidos desde la sensibilidad necesaria para entender su existencia. Necesito que todas las páginas siguientes te llenen de emoción para que sepas comprender la profunda naturaleza de las personas mayores, seres en multitud de casos marginados por el ritmo odioso e inhumano de estos tiempos de vulgaridad decadente o por malentender que un hombre o una mujer mayor ya no sirven para nada.

¡Qué inútiles majaderos son los que piensan así, cuando por dentro siguen reinando las energías de la vida, los pensamientos, las emociones...! Por dentro vive el alma de un dios poseedor de conciencia, el único quizá del universo que sepa ver y

Figura 2.—*La abuela Catalina en su juventud.*

sentir el exterior que le rodea y el interior que lo posee.

Los seres humanos prendemos unos con otros por los buenos sentimientos, y cuando somos mayores, las emociones y la sensibilidad toman una fuerza inaudita. Afloran a flor de piel. Con los años se descubre el *ser* interior sensible y espontáneo. Cuando somos niños nos conectamos con los demás de esta forma. Nada ni nadie nos impide comunicar inocentemente lo que sentimos, y hallamos respuestas por nuestros comportamientos transparentes.

Por la gracia que desprende la naturaleza que empieza a vivir, el niño atrae al no entrar en la dimensión moral restringida e interesada de los adultos. Sus manifestaciones inocentes, espontáneas y naturales todavía no han sido domesticadas y sometidas por la educación a la mentalidad vigente del momento que vive cada sociedad. El corsé social nos atrapa y nos integra a vivir la vida que unos pocos quieren, según el país y la época que nos haya tocado vivir.

¡Los abuelos son como niños! —dicen muchos atolondrados de una forma peyorativa—. ¡Pues es verdad!, y es bueno dejar salir lo que de verdad poseemos como un tesoro en nuestro interior. No saben ellos que muchos abuelos son niños, y eso es bueno porque han sido capaces de destruir capas y capas de torpeza; egos que necesitaron desarrollar para sobrevivir o por pura vanidad enfermiza... o vete tú a saber. El abuelo que es capaz de conseguir la frescura y transparencia del niño, es el ser humano que ha sabido emanciparse a la farsa a la que estuvo sometido durante toda su vida. ¿Será capaz la ciencia de producir la transformación interior de la espontaneidad, la transparencia, la sinceridad profunda que toda la humanidad necesita para que los seres humanos sean como tienen que ser en su estado de pureza natural como los niños? No creo que la manipulación científica consiga hacer crecer nada dentro del espíritu humano bueno y saludable. Alargando la vida, lo único que se conseguirá será romper el orden sabio de la naturaleza. Casi todo el mundo teme la vejez y la muerte. El hecho de que irremediablemente debamos morir invade toda la vida y se quiere retrasar a toda costa porque nadie soporta la decadencia y el fin. Y sobre todo la incertidumbre del otro lado de la muerte.

El deseo de todos los seres humanos es de inmortalidad, profundamente enraizado en toda la humanidad. La vida eterna, desde épocas remotas, resuena como la otra realidad; ¿será verdad que existe, o es el ser humano que se la inventa porque resulta insoportable el fin y la nada?

La sociedad del bienestar niega continuamente la vejez y la muerte. Embelleciendo el cuerpo da la sensación de que nos engañamos disfrazando la muerte. ¿Por qué no dejamos las cosas como están no interfiriendo en un proceso de millones de años y nos sometemos al sabio destino del misterio natural? ¿Quién va a querer vivir en un mundo deshumanizado? En esas condiciones nadie quiere vivir más de lo necesario. Mientras los ojos de nuestra alma sensible sigan viendo el horror de los efectos de la deshumanización, todo el mundo querrá vivir el mínimo posible. Pero si la ciencia se empeña en ampliar la vida y consigue destruir la sensibilidad para no sentir ni padecer, entonces veremos abuelos monstruosos de cientos de años, incapaces de sentir emociones por los demás y de sorprenderse por nada. Viejos monstruos de ciento cincuenta años sedientos de felicidad superflua. ¡No creo en los seres humanos!, por eso pienso así. Porque detrás de las investigaciones siempre existe un capitalismo feroz e inhumano que lo arrasa todo y manipula a su antojo desde la ceguera insensible producida por su arrogancia interesada.

Pero insisto, no quiero volver a la crítica. Aunque creo que a lo largo de este libro volverá de nuevo a surgir mi rebeldía. Lo siento, es mi naturaleza que no habrá ciencia ni ser humano que la someta, porque cada vez que me pongo en contacto con mis semejante me doy cuenta que nos hemos vueltos peligrosos los unos para con los otros, instituyendo en cada cabeza dictaduras ideológicas subjetivas que no permiten la más mínima injerencia de diálogo sano para construir la comunicación sensible y un camino que nos permita comprender el lado íntimo y profundamente humano que todos llevamos dentro y que es indudable que podemos capacitar para que este mundo sea de otra forma.

«Sólo hay una manera de superar verdaderamente el temor a la muerte (lo enseñaron Buda, Jesucristo, los estoicos, el Maestro Ecknart...) y consiste en no aferrarse a la vida ni experimentarla como una posesión. El temor a morir no es realmente lo que parece: miedo a dejar de vivir. La muerte no nos preocupa; dijo

Epicuro: "Mientras existimos, la muerte no está aquí; pero cuando la muerte ya está aquí, ya no somos."»

DIÓGENES LAERCIO

«No sentimos miedo a morir, sino a perder lo que tenemos: el temor a perder mi cuerpo, mi ego, mis posesiones y mi identidad; de enfrentarme al abismo de la nada, de "perderme".»

ERICH FROMM

CAPÍTULO II

APRENDER A VALORAR
LA VEJEZ

Desde muy joven fui consciente del valor que poseen las personas mayores y del corto espacio de tiempo de vida que les quedaba por vivir.

A los doce años una ráfaga de sensatez me hizo sentir y percibir a mi abuela como un ser con un tiempo de vida muy limitado. Cuando la acompañaba al mercado por las mañanas pensaba con tristeza que sus años estaban contados y cualquier día moriría irremediablemente. Por este motivo tenía que vivir cada segundo a su lado como si fuera el último. Sufría por esta cruel realidad. No sé por qué motivo me hice consciente, a edad tan temprana, de la brevedad de la vida. El descubrimiento de la existencia de la muerte no entraba en mi cabeza. Ese pensamiento fluía para llegar a entender que yo también estaba unido al mismo ritmo de envejecimiento e irremediablemente tenía que morir. Intuí que mi vida pasaría rápida y envejecería como ella. Sentí que llevaba también un abuelo que crecía en mi interior. Desde entonces, las arrugas eran para mí un motivo de profundo respeto porque sabía que los años traían consigo la experiencia, la sabiduría y la muerte.

Mi abuelo José y mi abuela Catalina me atraían como poderosos imanes, a diferencia de mis tíos y demás familia. Los sentía con mucho amor. Recuerdo cuando subía la empinada escalera de su casa. Mi alegría era enorme porque la palabra abue-

Figura 3.—*El abuelo José y la abuela Catalina.*

lo se unía a la edad, a la sensibilidad, al cariño... Mi corazón latía con la fuerza de la emoción, cuando los encontraba allí en su casa esperando con los brazos abiertos. Recuerdo el olor de su hogar y me sorprendo al sentir cuánto significaba para mí. Todo era mágico: los colores, los sonidos, la forma de los objetos... me producía mucha emoción y alegría. No sé explicar mi profundo sentir con palabras, pero mis abuelos eran para mí como ídolos a los que veneraba. Mis emociones espontáneas brotaban a borbotones. Recuerdo sus facciones imborrables, y muchas de sus palabras, cuentos, chistes y consejos... como algo sagrado en mi interior. Mi abuelo José, inválido, siempre permanecía sentado en un sillón y cuando se levantaba se ayudaba de unas muletas para andar. Aquello me impresionó siempre sobremanera y fue un motivo muy grande para amarle mucho más.

Recuerdo los pedos que se tiraba. Pedía perdón con mucha educación y nos explicaba que el médico le había recomendado que expulsara todos los gases sin reparo y sin importar quién estuviera delante. Una vez, por aguantarse, se puso muy malo; desde entonces se disculpaba ante los presentes cuando notaba que los gases de su intestino pedían salir con toda normalidad. Sin represión alguna él soltaba el estallido, aunque procuraba disimularlo de la mejor manera posible. Luego el olor... pero yo no recuerdo que olieran sus pedos. Esta naturalidad me hizo comprender que tirarse un pedo no era de mala educación, sino simplemente un motivo natural para sentirse bien y no dar lugar a males mayores. En estas circunstancias la educación y la moralidad sonreían el atrevimiento de mi abuelo.

Uno de los tres supervivientes de diecisiete hijos que dio a luz la bisabuela Araceli era mi abuelo José. Todos sus hermanos murieron a edad muy temprana, víctimas de enfermedades que en los tiempos que vivimos tienen cura. Unos murieron de diarreas, otros de pulmonía... y así sucesivamente. Dios o la naturaleza se los fue llevando al otro mundo.

El pelo blanco y el moño de mi abuela reafirmaban su personalidad de persona mayor de una forma muy especial. Era la auténtica abuela real de carne y hueso de los dibujos de los cuentos. Su cara de piel tersa, suave y bondadosa; su voz, sus gestos... el olor de su entrañable hogar; sus comidas... Todo el universo familiar concentrado en torno a mis abuelos se revestía de una magia emocional imposible de olvidar. Mis abuelos, ya por el hecho de existir y de comportarse, me enseñaron a valorarlos y a ser abuelo. Sembraron sus semillas en mi mente de niño, y con su ejemplo germinarán cuando a la edad indicada sea consciente de haber llegado a la última etapa de mi vida. Toda la admiración que sentía era el aprecio de sus virtudes humanas, que calaron en mí con los sonidos, los olores, el tacto, la visión de su forma física, su forma de ser... Fue un conjunto armonioso, pero además percibí el sufrimiento y un sentido del humor natural y atrevido, dada la situación dramática de salud que vivía mi abuelo José. Múltiples enfermedades le hacían vivir sufriendo: su invalidez, por culpa del reuma que minaba todo su cuerpo; tambien era diabético, y para colmo una fistula le producía más dolores de los que ya tenía. Pero, a pesar de todo, no le faltaba el sentido del humor. Todos los días nos contaba cuentos y una retahíla de chistes que nos mondaban de risa. Por entonces ellos tendrían sesenta años. Para mí, un niño tan pequeño en estatura y años, eran unas personas muy mayores.

La verdad es que mis recuerdos están centrados en temporadas muy esporádicas, pero suficientes para asimilar el ejemplar comportamiento y el carácter profundamente bueno y humano de seres mágnificos en todas sus dimensiones y manifestaciones. Tendrían defectos, pero el amor es ciego y no juzga.

Pasó el tiempo y mis abuelos murieron. La muerte trae consigo muchas facetas positivas aunque sintamos que es un momento dramáticamente negativo que no tendría por qué existir. Eso pensaba yo: «¿Por qué existirá la muerte. Dios mío?» Sufría un profundo dolor cuando la terrible guadaña segaba vidas humanas tan entrañables, buenas y amadas. «¡Estas personas nunca tendrían que morir!», escuchaba desde el profundo dolor familiar y de los amigos. Así es. Muy dificil de asimilar, pero la muerte arrasa con todo, con los buenos y con los malos.

Los buenos abuelos son imborrables para los seres humanos que han tenido la suerte de sentirlos en sus vidas. Sus emociones nobles dejan huellas imborrables, que los nietos recordarán a lo largo de toda su vida con especial cariño. Sus imágenes, sus pensamientos, sus emociones, sus vivencias... quedarán siempre impresas y vivas en las mentes sensibles para el resto de sus vidas.

Y estas ondas expansivas irán de generación en generación y aun cuando el recuerdo se haya borrado quedará en la sangre la huella imborrable de la herencia.

¡Qué importantes son los abuelos! ¿Verdad? ¡Qué importante es la vida cuando los seres humanos la llenan de sabiduría!

Un padre y una madre que envejecen y nos han dado todo su cariño; nos han enseñado a amar con su profundo ejemplo de amor y día a día se han esforzado y superado para darnos lo mejor, merecen de nosotros sus hijos las máximas atenciones. *Ellos vivieron para nosotros y nosotros siempre para ellos, hasta que la muerte nos separe.* Este tendría que ser un mandamiento grabado en nuestros genes para siempre.

Todos los abuelos merecen ser protegidos y profundamente admirados, como en este ejemplo real que nos narran Donna Cohen y Carl Eisdorfer en su libro *Cómo cuidar de tus padres cuando envejecen*:

«Los hijos siempre han sido considerados el recurso valioso de la sociedad, y no hay duda de que la continuidad de nuestra civilización depende del éxito y bienestar de las siguientes generaciones. No obstante, los hijos crecen y se convierten en adultos que tienen sus propios hijos, quienes a su vez crecen y envejecen. Crecer y envejecer son algunas de las mejores oportunidades de la vida, y los hijos aprenden a afrontar estos retos en la familia.

El rápido aumento de la población geriátrica está presionando a los hijos adultos para que encuentren formas responsables de relacionarse con sus hijos, con su cónyuge, con sus padres y satisfacer sus necesidades personales.

En los próximos siglos, cuando nuestros descendientes analicen el final del siglo XX y el comienzo del siguiente milenio, verán que el rápido envejecimiento de la sociedad causó un enfrentamiento de valores sobre el cuidado y la vida.

La siguiente carta fue escrita por David Jenson a su hermano Tommie. Habla sobre su madre enferma y sobre su reacción emocional ante sus responsabilidades familiares:

Figura 4.—*El abuelo José, Catalina, sus hijos y un amigo de la familia.*

Querido Tommie:

No sé por qué escribo esto. Supongo que tenía que contárselo a alguien. Me parece extraño pedir ayuda. Ya sabes que siempre he sido el hermano mayor para ti y para nuestra hermana. Siempre veníais a contarme vuestros problemas. Todos los miembros de la familia han acudido a mí para pedirme consejo, para tomar decisiones difíciles e incluso a veces para pedirme ayuda económica. Me sentía orgulloso de ello.

Ya no soy la misma persona. Desearía construir un muro que me alejase de los demás. Le he fallado a mamá, ya no sé convencerla. Cuando la vi la semana pasada todo estuvo claro.

Debe ingresar en un asilo o venir a vivir con nosotros, pero se niega a hacerlo.

Mamá desea morir desde que papá falleció. No come bien ni se cuida. Ahora incluso parece un poco confusa. Siempre que conversamos habla sobre la muerte. Nuestra madre, que siempre fue cariñosa, divertida y activa, ha cambiado por completo. Me duele verla así.

Me enfado al pensar que está tirando la toalla. Recuerdo cómo hizo que me recuperase cuando era pequeño. Todo el mundo, incluso los médicos, pensaba que yo moriría, excepto mamá. Sólo tenía cuatro años, pero la recuerdo sentada en mi cama. "Eres un Jenson —me decía mientras acariciaba mi pelo— y cada Jenson debe hacer algo importante antes de morir."

Recuerdo que después de recuperarme pensé que tenía que crecer y hacer algo para que ella se sintiese orgullosa de mí. No puedo librarme de esos recuerdos. Sigo pensando que debo cuidarla, pero no me deja y me siento impotente.

Aunque su primera intención fue tratar de hacer que la vida de su madre fuese como él quería, David decidió ingresarla en un asilo en la ciudad donde ella vivía desde hacía cincuenta años. Él y su esposa la visitaron regularmente hasta que murió dos meses después. Por deseo de John, la familia entera, hermanos, hermanas, tíos, tías, sobrinos y nietos, visitaban a la señora Jenson, de forma que no pasaba un fin de semana sin que algún pariente la visitase. Murió tranquilamente una tarde mientras David acariciaba su cabello.

Semanas después, cuando David y Jane limpiaban el piso de su madre, encontraron un viejo álbum del veinticinco aniversario de boda de sus padres. Dentro del álbum había un trozo amarillento de papel arrugado con su letra. Las palabras le resultaban familiares, era el discurso que había pronunciado en la fiesta del aniversario:

Ahora que he envejecido me siento afortunada por muchos motivos. He tenido el privilegio de ver crecer a mis hijos y a mis nietos, he aprovechado las infinitas posibilidades de la vida, he experimentado el placer de vivir y de aportar lo poco que he podido al mundo; pero quizá lo más importante es que he sido bendecida con un marido apasionadamente enamorado que me ha dado mucha felicidad.

Nuestra familia es como un elixir mágico. Cada uno es distinto, pero cuando estamos juntos formamos algo maravilloso. Rezo para que podamos pasar juntos muchos años con salud y felicidad, y si Joe o yo enfermamos gravemente, sólo pido que muramos rápidamente para que la familia pueda seguir adelante, reinvirtiendo su amor en las generaciones que nacerán. En la actualidad hay demasiados viejos.

¿Que quería decir la señora Jenson con su ultimo comentario? ¿Realmente hay demasiados viejos, o es que la mayoría de la gente se fija sólo en los aspectos negativos del envejecimiento? El tesoro más valioso de nuestra sociedad es que está compuesta por personas de distintas edades. Todos somos guardianes del bienestar y la salud de los demás, herederos de nuestro futuro y depositarios de nuestro recurso más preciado: todos nosotros. El reto que afrontamos es encontrar formas de jugar un papel positivo durante nuestros años adultos y cuidar unos de otros.»

CAPÍTULO III

LA ABUELA CATALINA
(Recuerdos, historia y valores)

Mi madre Catalina es abuela de mis hijos y de los hijos de mi hermana. (cuatro nietos tiene en total). Una abuela de setenta y tres años cumplidos sólo hace dieciséis días. Ella sintió desde muy niña el profundo afecto y la sabiduría de su abuela Araceli. Durante diecisiete años aprendió la gran lección de la vida de una abuela sabia. Sus recuerdos emotivos viven en ella con una claridad asombrosa. Diecisiete años tenía cuando su abuela Araceli murió. Su muerte, después de tanto tiempo, produce todavía un vuelco en su corazón. Siempre llora cuando recuerda aquellos momentos marcados por el dolor del tajo de la muerte. De ella aprendió a ser buena. Nada más nacer se sintió poderosamente atraída por un ser luminoso. Catalina, ya desde niña, traía consigo la necesidad de aprender la sabiduria de los seres santos y desde su nacimiento se encontró con un ser excepcional, de esas características: su abuela. Y a ella se unió en el amor para aprender toda la humanidad que le transmitía aquel espíritu de virtud.

47

Recuerdos de la moral, del puterio, de las confesiones, de los curas, de Franco y de la guerra

Aquella mañana del día 13 de diciembre me senté en la mesa de la cocina y mientras mi madre

Figura 5.—*La abuela Catalina.*

preparaba la comida, sus recuerdos se remontaron al pasado. Recordó la guerra y las salvajadas del bando fascista y, sumergida en el pasado, empezó a vivir su profunda y emotiva vida interior hasta los diecisiete años, fecha señalada por la muerte de su querida abuela. Hizo un viaje mental regresando a través del tiempo a su infancia. Por su boca salían todo tipo de detalles de las anécdotas más sobresalientes y de las que ella guardaba un especial recuerdo. La abuela Catalina (mi madre) aprendió una gran lección para *ser* una gran abuela.

—¿Tú te acuerdas de aquel colegio de la Plaza Chica donde os daban clases particulares? —me dijo mi madre sentándose a la mesa con una bolsa de espinacas, un plato grande y un cuchillo. Mientras hablaba iba sacando las espinacas de la bolsa. Primero les cortaba las partes secas y después las sacudía. Una a una, cuidadosamente, las iba colocando en el plato.

—Sí, me acuerdo —le dije.

—Pues allí me prepararon para hacer la primera comunión. Antes de confesar nos preparaban para contarle al cura todos los pecaditos. Hacíamos una especie de ensayo. Nos enseñaban a abrir la boca y a sacar la lengua para cuando íbamos a comulgar. Nos advertían que no se podía masticar el cuerpo de Cristo. Lo teníamos que dejar que se deshiciera en el cielo de la boca porque sino era pecado. ¡Total, que no lo ensayábamos veces...! ¡Como antes todo era pecado, pecado...!

—¿Qué edad tenías?

—Unos siete u ocho años. Por entonces teníamos en casa a una hermanastra de la abuela. La mantenía el abuelo y la ayudaba. Me acuerdo que como no teníamos cuarto de baño, lo que usábamos era una bañera de zinc, como una especie de butaca. Te sentabas y tenías tu respaldo. Por entonces no había esponjas. Se iba al comercio y se compraban trozos de soga: una perra chica, una gorda, dos reales... ese era el precio de los diferentes trozos de soga. La tenías que deshacer y con eso se hacía una especie de estropajo. Y con eso la hice yo que me lavara bien el cuerpo. Que me refregara bien. Entonces no había gel, se usaba jabón «Lagarto». No tenía que quedar en mi cuerpo ningun churrete, porque era pecado. Fíjate hasta dónde... Todo era pecado, pero pecado y gordo, ¿eh? Por esa fecha la que tenía vicio por ir al cine no iba al cine y se hacían unas canastas. ¿Sabes? Cortábamos trocitos de papeles así —me indica con las dos manos cómo lo hacían— y ahí poníamos: Catalina, Ana... el nombre de todas y luego el sacrificio que teníamos que hacer. Por ejemplo: una no comía la merienda duranta, la semana... Los sacrificios se hacían sobre lo que más te gustaba. Entonces esto se llamaba los pañalitos del Niño Jesús ¿Sabes? Je, je, je... ¡Vamos a echar los pañalitos del niño Jesús!

Bueno, eso ya estaba bien, pero luego... todo era pecado, pero pecado y gordo, ¿eh? Así que en vez de ir a la iglesia con tranquilidad se iba con temor y con un nudo en la garganta y cuando me confesaba no sabía qué decirle al cura: si le pegabas al hermano; si le contestabas mal a tus padres; si no habías hecho aquello; si no habías hecho lo otro... Se hacían muchas cosas de forma inocente, ¿no?, y te entraba pánico, que después llegaba la fecha de Semana Santa y la confesión era obligatoria. Y claro, y si no eso... pues estabas con el miedo de no haber dicho los pecados. Si no te confesabas estabas con el miedo... ¡Mierda! —me causó un sobresalto. Su voz se alzó con ira irreverente. Dio un golpecito en la mesa. Fue como romper en pedazos aquella moral enfermiza, recuerdos reprimidos por la represora estrechez religiosa. Me chocó tanto su rebeldía que me hizo gracia y reí con ganas durante unos momentos, después prosiguió...

—Ves tú, hoy en cambio pues... tu meditas... ¿no? ¿Y con quién quieres hablar?, pues con Dios, y le dices todo a Él. Pero eso de decirle todas las cosas a un tío. ¡Qué vergüenza!, ¿no? Cuando le veía por la calle qué vergüenza sentía de que supiera todas mis cosas. ¡Qué vergüenza! ¡Vayase usted a la mierda! —otra vez se descompuso y brotó su mal genio irreverente y rebelde. Reí de nuevo con ganas al ver cómo lo sentía de verdad. Ella, al ver la gracia que me hacía, se unió conmigo en unas carcajadas difíciles de olvidar—. ¡Qué confesiones hacían, madre mía! —dijo para terminar esta faceta de su vida.

La abuela Catalina (mi madre) es muy humana y religiosa. Cree en Jesús con mucha fuerza y convencimiento. Tiene costumbre de ir a misa cuando puede, siguiendo los impulsos de sus sentimientos nobles. Lleva en su corazón la doctrina humilde y grandiosa de Jesús. Ayuda a todo el mundo que puede, y su vida es un ejemplo. Catalina es un ser especial de unas dimensiones humanas increíbles. Es mi madre y también como si fuera mi abuela. Cada día que estoy con ella aprendo de su vida toda la riqueza que desprende y no me canso de escuchar sus historias frescas y espontáneas con nombres y fechas grabadas en su memoria desde hace mucho tiempo. Le gusta remover de cuando en cuando su memoria emocional que es la que mantiene viva la llama del recuerdo. Los recuerdos emocionales son los únicos que viven para siempre. Causa alegría y tristeza recordar los buenos y los malos momentos, pero siempre es saludable que broten al exterior, para darnos lecciones de sabiduría y conocimiento del interior del ser humano entrañable que nos habla. Porque si nos paramos a pensar, podemos vivir toda una vida con nuestra madre, padre, abuelo o abuela y no conocer su personalidad profunda. Si no hay comunicación no hay enseñanza ni conocimiento y todos sabemos que somos grandes desconocidos. Para colmo la televisión nos priva del saber personal. Miguel Delibes lo expresó un día con toda claridad en relación a sus nietos: «Los jóvenes ya no escuchan a los viejos, porque tienen a la televisión, que les cuenta sus batallas.»

Los abuelos se sirven siempre de la memoria emocional para expresar sus sentimientos y de esta forma crean ambientes especiales de unión familiar. Sus relatos no son de simple memoria, más bien podríamos decir que son puras vivencias emotivas.

Cada frase es arrancada del fondo de una realidad vivida que se hace presente con la fuerza de la emoción. Brota la ira, el amor, el sentido del humor, el resentimiento, la nostalgia, el miedo, el desprecio... se sufre y rompe el llanto cuando el recuerdo trae a la memoria el triste desenlace de la muerte de un ser querido. La abuela Catalina mientras me hablaba vivía un proceso interior de auténtica vida emocional. Su memoria era pura emoción indescriptible. Juntos compartimos en el recuerdo la vibración de su espíritu humano enriquecido por las almas buenas y muchas veces ultrajado por la mentalidad ignorante y violenta de la sociedad que le tocó vivir.

—Bueno, pues en la Plaza Nueva de Zafra, que hoy ya está hecha parque, tú te acordarás que es donde ponían el «trasperlo» y era todo tierra y nada más que había unas cuantas palmeras. Pues, hacia la parte del fondo allí se empezaron a reunir unas pintas. ¡Te encontrabas con una gente...! ¿Pues sabes como le pusieron a aquello? El Frente de Peñarrolla —de nuevo me provocó risa su forma de hablar.

—Le pusieron el Frente de Peñarrolla porque allí iban todos los chulos. Era un lugar de trato sexual, un «puterio» donde se desahogaban a gusto. Pues en las confesiones te preguntaban si habías estado en el Frente de Peñarrolla. ¡Fíjate! ¡Allí habrás estado tú...! y es que esto era para sacarte lo que habías hecho con fulanito o con menganito. Hice esto, hice aquello, me subió la esto... me tocó aquí, me tocó allí... El cura preguntaba con mucho interés. ¡Fíjate, por Dios!, estas eran las confesiones.

—A los curas les encantaba sacar estas historias cargadas de erotismo. ¿No?

—Así los curas, pues fíjate tú. Al decirle aquello, pues luego se quedaban con las mejores mujeres, como aquel que le llamaban el «Palomo Ladrón». Otro. Se llevó a las mejores mujeres que había allí en Zafra. Era un tipazo de hombre.

—¿Adónde se las llevaba?

—Al convento. Conseguía meterlas a monjas. Luego las visitaría él... Entre todas yo me acuerdo de una muchacha que se murió de tristeza. Tenía novio. Y él no pudo hacer nada... Tanto confesar de mala forma provocaba estas situaciones. Ahora mismo si tú tienes remordimientos de algo y te arrepientes y quieres desahogarte, pues bueno... pero contar las cosas íntimas a fuerza de sonsacarte... ¡aquello era injusto! ¡Madre mía. Daba pánico! ¡Era horroroso! Y luego, pues ya te digo, he conocido la guerra y después con Franco. Ahora mismo me acuerdo que un niño pasaba por el cuartel de la guarda civil y dijo: «me cago en Dios» y le abofetearon. Le cogieron de las orejas y buscaron a su padre. Cuando le encontraron se lo llevaron a la cárcel y después le fusilaron. ¿Eh? Eso lo he vivido yo. ¿Tú te crees que...? Eso lo he vivido yo. Otro por... no sé si dijo «hostia» si no llega a ser porque era el mayoral del conde de la Corte le fusilan también. ¿Sabes? ¡Por esas cosas! Eso de cagarse en la Virgen, el Copón, en Dios... aquello era sentencia de muerte en muchísimas ocasiones.

—¡Qué mentalidad más represiva! En aquella época el estado fascista y la religión eran los dueños de la sociedad.

—Sí, sí... así era. ¡Era de miedo! —su ánimo se ensombrecía con los recuerdos de un pasado social funesto.

«Mi madre nació un 29 de noviembre del año 1925. Cuatro años después, y sin que ella se enterara, ocurrió en 1929 el famoso *crack* de la bolsa neoyorquina que puso punto final a los felices años veinte y el frenesí del charlestón, champán y *cocottes* de lujo. Dieron comienzo los difíciles años treinta que marcarían a todo el pueblo español con la huella degenerada y catastrófica de la guerra civil. España fue marginada por la mentalidad fascista y religiosa, ensamblada en casinos y sacristías. La derecha y la izquierda se radicalizaban en enfrentamientos. El general Primo de Rivera, señorito de Jerez y mujeriego empedernido, emprendió una campaña de moralización de la sociedad española decretando la represión de los sarasas, la separación de sexos en los cines y la erradicación del piropo.

El 14 de abril de 1931 se proclamó la República. El pueblo se echó a las calles. Se abolían obsoletas instituciones, se arrinconaban viejos prejuicios, se inauguraba una moral nueva. Pero como eran legos en materia de gobernar, forzaron tanto el motor que acabaron quemándolo. Desoyeron las voces de alarma que se alzaban en su propio bando. Sonaron los tambores de guerra: el pronunciamiento de Sanjurjo (1932), la matanza de Casas Viejas (1933) y los actos de represión de la revolución de Asturias, organizados por Franco (1934). La sociedad se hallaba escindida en dos bandos. Por un lado estaba la derecha, formada por burgueses y ricos. Por otro, la izquierda, refugio de parias de la tierra y desheredados de la fortuna. Católicos de toda la vida por un lado y agnósticos recientes. España se escindió en dos bandos cada vez más intransigentes tratando cada cual de convencer al otro de su estilo de vida, y si esto no era posible, se le exterminaba. ¿Cuál de las dos Españas era la buena y cuál la mala? El caso es que llegaron a las manos y a las armas. En 1937 la incertidumbre se sumaba a la dura realidad de la escasez. La sociedad pasaba hambre. Corrían malos tiempos y la relajación moral que trajo la guerra hizo prosperar los prostíbulos para satisfacer la creciente demanda de sexo. En el frente olía a pólvora y a humo, en la retaguardia a incienso y a naftalina. Los hombres del bando nacional estaban librando una Cruzada contra el comunismo ateo. A la abnegada mujer de retaguardia correspondía una cruzada femenina de modestia y austeridad. Los obispos orquestaron una amplia campaña de reciclaje de las mujeres para la cocina, tener hijos e ir a la iglesia o al convento.

El primero de abril de 1939, cautivo y desarmado el Ejército rojo, las tropas nacionales alcanzaron sus ultimos objetivos y en la prensa madrileña apareció el siguiente anuncio: "Araceli. Hortaleza 68. Fajas y sostenes, saluda entusiásticamente al ejercito nacionalista. ¡Viva Franco! ¡Arriba España!" Comenzaba una nueva era.»

Coitus interruptus
JUAN ESLAVA GALÁN

Figura 6.—El abuelo Laureano en el centro haciendo la «mili».

Nuestros abuelos son la reserva de valores para ser mejores

En esta situación caótica crecieron seres inocentes como mi madre. Millones de seres abrieron sus ojos a la vida para encontrarse con una sociedad inmadura, violenta y repleta de contradiciones y sobre todo nacieron para vivir una cruel gruerra civil fratricida, que sin duda dejaría profundas secuelas en sus mentes.

Millones de seres que nacieron en la década de los años veinte, vivieron la intolerancia y la violencia de los necios y ahora en su vejez vuelven de nuevo a ser víctimas de la deshumanización del mal llamado progreso de la era moderna y posmoderna, y se les niega el respeto y la dignidad e incluso su papel humano en la familia y en la sociedad. Son como cacharros viejos inservibles, maltratados y olvidados sin consideración alguna en asilos y en residencias; porque ya no sirven. Marginados por el ritmo estruendoso y trepidante de los tiempos. Al llegar a una edad se les considera seres anormales que vagan sin rumbo. Sus historias humanas gratificantes no son escuchadas porque la mayoría ya no oyen los mensajes de la vida. Se han convertido en monstruos de oídos sordos, coherentes sólo con las ganancias mercantiles. Si un viejo les da a ganar tiene significado, pero normalmente los abuelos no son rentables y perdieron de la noche a la mañana su importancia en el nuevo código de conducta mercantil aséptica de sentimientos. Bueno, hay algo que todavía sirve de ellos: su voto. Y sólo por esto los políticos se acuerdan de pedírselo cuando llegan las elecciones.

La memoria emocional de nuestros abuelos es de un valor incalculable. Cada ser humano que vivió el pulso de los errores y los aciertos de la sociedad donde nacieron, guarda dentro de sí la enorme riqueza viva de sus recuerdos y el valor de la virtud. Un país nunca debiera olvidar el pasado y aunque tengamos libros, prensa escrita, películas... el relato histórico, a viva voz emotiva, causa impresión y produce lazos afectivos solidarios. Revuelven por dentro la imaginación de los más jóvenes los relatos marcados de sutiles y sensibles cambios emotivos. Los hechos de la vida se graban en el corazón. Del drama, el abuelo, pasa a la risa por una anécdota graciosa; un cambio en sus pensamientos le ensombrece por momentos causándole tristeza, después vuelve a sonreír pasando de las sombras a las luces. Su mente activa produce un intercambio humano profundo que los niños saben captar con toda intensidad. Las ondas cerebrales de los abuelos son potentes y sugestivas. La personalidad de los abuelos sabios penetra en la tierna y espontánea mente de los niños. El niño y el abuelo sintonizan porque su *ser* no está revestido de los llamados egos falsos; personalidades que crecen a lo largo de la vida en nuestro interior por muchas causas, sobre todo de adaptación y supervivencia; egoísmo e intereses que enturbian el verdadero ser nuclear de la persona.

El contacto del niño con el abuelo le dejará honda huella para toda su vida. Los cuentos, sus historias de la vida real, sus consejos, la ternura, las regañinas suaves y amables llenas de afecto, las correcciones... todo lo que un anciano bueno y consciente pueda enseñar, se quedará grabado para siempre en la mente del niño, del joven y del adulto que sabe escuchar. Y con ello se aprende la gran lección para ser un buen abuelo, porque los últimos años de vida coronan el sentido profundo de su existencia.

CAPITULO IV

LA ABUELA CATALINA
(Santos anónimos en época de barbarie)

Mi madre (la abuela Catalina) seguía inmersa en los recuerdos.

—Tita Sofía tenía a una mujer recogida que se llamaba Margarita

—Tita Sofía era hermana del abuelo José, ¿no?

—Sí, el abuelo y ella eran los únicos hermanos de diecisiete hijos que tuvo mi abuela Araceli.

—¿Y todos los demás?

—Murieron —hizo una pausa y cerró los ojos unos instantes. Comprendí aquella palabra y su gesto. Detrás de la muerte existe mucho sufrimiento, y sus abuelos Araceli y Leopoldo fueron golpeados duramente en quince ocasiones. Años después de la muerte del último hijo, Manolo, murió su marido Leopoldo de tristeza. No me extraña nada que Araceli, en sus últimos diecisiete años de vida, fuera una santa mujer.

—Margarita era hija de una mujer que se quedó viuda con siete u ocho hijos. Margarita era la mayor de las hijas. Tita Sofía, que era tan buena como su madre, la abuela Araceli, la tenía en su casa como a una hija y además ayudaba. Esta chica iba por las mañanas a la taberna que tenía el abuelo José a echar una mano. Hacía la limpieza y no sólo eso, también ayudaba en la casa a tita Sofía. Pero todo esto juntas porque yo también la ayudaba. Margarita dormía con Isabel, que era de la misma edad. Isabel, por aquellas fechas, también se quedaba en casa de tita Sofía porque su madre se encontraba ingresada en un hospital de Madrid con cáncer. Mira por dónde, Isabel empieza a sentir una ronquera y la llevan al médico, y le dicen que tiene la «tisis galopante», una enfermedad infecciosa que no tenía cura y de la misma respiración y el aliento se contagiaba. Entonces ya, cuando ella estaba tan malita, llegó la madre de Madrid. Rosa se llamaba. Le habían hecho una cura y regresaba. Me acuerdo que su cara era blanca como la pared. Al llegar a su casa se encontró con la desgracia de que su única hija tenía esa enfermedad. La solución que había era apartarla en una habitación sola, que no entrara nadie, absolutamente nadie. ¿Sabes? Tan sólo una monja bien protegida con careta podía cuidarla. Isabel trabajaba en un taller de bordadora y me dijo que me bordaba dos juegos de cama mientras se reponía de su enfermedad. Y todo su afán era pasar el tiempo bordando. Pero como teníamos prohibido entrar, ella siempre preguntaba por mí para enseñarme los juegos de cama terminados. Las monjas le contaban siempre distintas historias, disculpándome por no poderla visitar. «¡Que venga, que venga!», decía. Pero a mí no me dejaban verla. Así pasó el tiempo y murió. ¡Qué pena...! Después también murió Rosa, su madre.

Catalina vivía de nuevo con dramatismo estas historias tan íntimas de su vida. Mientras, el país se debatía entre el caos y la barbarie. La ignorancia y la brutalidad como siempre se sumaban al dramático proceso de la vida de los seres humanos. Muchos de nuestros abuelos fueron desde luego héroes inocentes y profundos seres humanos solidarios, de una humanidad difícil de entender en nuestra época. La profundidad de la auténtica religión práctica la llevaban en sus venas. Jesús tenía para ellos un sentido profundo en cada mínimo espacio de tiempo. Mi bisabuela Araceli y Leopoldo; mi abuelo José y su hermana Sofía; mi madre y mi padre... y tantos otros impregnados en la misma sangre del bien, eran auténticos santos anónimos. Hombres y mujeres que llenaban su vida de honradez y sabiduría práctica para con sus semejantes.

Estos recuerdos llenan mi vida y a la vez me veo insignificante. Absurdo. Víctima de la insensibilidad egoísta con la que el mundo de hoy se cubre haciendo gala incluso de su terrible despropósito.

—¿Te acuerdas del «Quinto»?

—Sí, no me voy acordar... Aquel hombre se me grabó para siempre. Venía a casa del abuelo con un olor a vino... Su cara roja y su boina y aquellos ojos pequeños penetrantes, nunca se me olvidarán. Con diez años y ya me daba cuenta de lo mucho que te quería.

—El Quinto lo tenía el abuelo José empleado en la huerta y era el marido de Rosa y el padre de Isabel. Después de la muerte de su mujer y de su hija, ahí empezó él a beber más de la cuenta. A darle un poquito más. Murió con el hígado hecho mistos. Venía siempre a casa con los ojos hinchados de llorar. ¡Y nos quería...!, ¡hum...! —recordando a este hombre a mi madre se le herizaban los pelos de la piel. Sus recuerdos hacia él eran dulces y tiernos, llenos de amor hacia un alma profundamente herida, bondadosa y agradecida para con ella y su familia.

—Es que ese hombre era muy bueno. Yo le recuerdo como un ser profundamente humilde que emanaba mucho amor.

—Ahora mismo esas personas que eran favorecidas a cambio de nada, desprendían un cariño y un amor que era suficiente. Mi padre es recordado todavía después del tiempo que ha pasado, por todos aquellos que ayudó. El agradecimiento, el amor y su amistad eran lo mejor, porque muchas veces no sabían con qué pagarte.

—Todas estas personas vivían lo más auténtico y esencial de la religión y huían del esperpento moral de la jerarquía y del Estado. Pasa siempre lo mismo: «mucho ruido para tan pocas nueces». La historia es terriblemente escandalosa porque los «listos», egoístas e interesados se encargaron siempre de hacerla así. El pueblo llano y bueno era desde luego la sal de la tierra.

—Todos esos siempre fueron unos «chulos» y en nuestra familia también los hubo. Aquí hay una historia larga porque al abuelo José y a la abuela Cata, los dejaron en «cruz y en cuadro" la propia familia.

—Se aprovecharon de lo buenos que eran.

—Mi abuela Araceli les cogía y les cantaba las cuarenta. Ponía las cosas en su sitio sabiendo lo que hacía. Ella leía mucho. Me acuerdo de unos libros grandes con los que muchas veces amanecía. Tenía montones de libros. Recuerdo cómo los leía con sus gafitas. Para cosas de remedios caseros todo el mundo la llamaba a ella. Y como leía tanto pues sabía de lo lindo. Yo dormía muchos días durante la semana en su casa, en una habitación donde ella leía y estudiaba. Me acuerdo que todo mi afán era observarla, yo no quería que aquella mujer sufriera por nada y era una delicia aprender y estar a su lado.

Mi madre bajaba la voz consiguiendo un tono suave, íntimo, de adoración respetuosa por su abuela. En el silencio de su voz se manifestaba la paz y el sosiego de su espíritu. Como si se uniera en ella de nuevo y en verdad el resplandor sabio del alma de su abuela. Era de una sutileza difícil de expresar. Ella se transportaba con los recuerdos al pasado vivo cuando sólo era una niña. A tan temprana edad ya había elegido su guía buena. Entre la conciencia del bien y del mal ya entendió con firmeza por qué tipo de personas tenía que conducirse por la vida y así fue durante setenta y cuatro años, que es la edad que tiene en la actualidad.

Recordaba en lo esencial aquello de lo que quiso revestir su vida. Sus núcleos significativos se reproducían de una forma misteriosa con las vivencias personales. Ligaba las personas más íntimas y familiares, a la sociedad entera. Ella reconstruía su pasado cargado de sentido y significado.

Mientras escribo este libro, y en esta página, soy cada vez más consciente del profundo significado de nuestros mayores. Todo enlaza con la realidad diversa de la vida. Todo tiene significado de causas y efectos difíciles de conocer cuando la sensibilidad está embotada. ¡Qué incongruencia y desatino que la sociedad desestime la inapreciable vida de nuestros abuelos!

Mi madre, en aquellos momentos, se había sumergido en un estado de conciencia especial. Sintonizaba con el espíritu de su abuela a través de sus recuerdos. Sus enseñanzas sencillas revestidas de ternura la embelesaban.

—Yo me iba a la huerta con ella. Siempre caminaba muy derecha...

—¿Qué edad tenía?

—Setenta y dos o setenta y tres años, me parece. Y como te iba diciendo, yo me iba con ella dando un paseo por la huerta. Como estaba cerquita de la casa... ¡iba más contenta! Con su bastón señalaba los objetos que encontraba. «Mira ese trozo de hierro, cógelo y lo dejas en el tronco de esa oliva, que si se le estropea al Quinto algún zacho, o se le estropea lo que sea, le puede servir como cuña. ¡Un botón! Pues ponlo allí que se vea, que a alguna le hará falta...» ¡Eso era increíble...!, a todo el mundo le tenía que servir algo, ¿sabes?

De Catalina brotaba una alegría especial. Su ánimo se remontaba alegre recordando. Volvía a sentir a su abuela entre el verdor de la huerta y los olivos. Veía su alma de niña con la alegría de estar con un ser superior que desprendía humanidad por los cuatro costados, feliz agarrada a la mano de su abuela.

Así tambien me sentía yo con ella, vibrando con todas sus palabras, que más que palabras eran los sonidos de su espíritu con las cadencias de la gradación y la riqueza de sus estados emocionales y de conciencia... y luego, siempre estaba atenta: no podía ver ninguna tristeza. Tenía un genio y una ale-

69

gría... ¡Hum...! ¡Qué ser tan especial era mi abuela! Cuando emitía ese sonido lo hacía como cuando comemos una deliciosa comida. ¡Hum...! ¡Qué rico está esto! ¡Hum...! Mi madre con su sensibilidad emotiva, su espiritualidad, su alma... se sumía por momentos en la dulce fragancia de la pureza del espíritu de su abuela. Y hablaba sin parar encadenando unos recuerdos con otros.

—Ella cuando pequeñitos nos cogía a todos y nos ponía alrededor mientras cosía. Je, je, je...

—¿Cuántos erais?

—Mi primo Manolo, Fernando, la Pili era muy pequeñita... ¿no? Pero yo era la más pegajosa. Estaba siempre pegada a ella. Siempre contándonos cuentos, pero cuentos de hadas buenas que se inventaba ella, por educarte para que fueras buena persona. Nos contaba todo lo que ella había vivido. Pues hacía eso con nosotros. Y cuando llamaba un pobre a la puerta, eso lo he visto yo, si iba con los pantalones rotos por la rodilla o por la parte del culo, pues le hacía pasar a una salita que tenía; le hacía quitarse la ropa; le daba de comer y mientras comía le zurcía los pantalones con una tela parecida. Le echaba remiendos y salía el pobre de aquella casa como nuevo. Su gran preocupación era que no se le vieran las carnes a ningún pobre. ¡Fíjate qué cosas hacía! Además en su casa tenía recogidas a varias personas. El señor Valentín era un hombre que se había quedado totalmente sin familia. A ese hombre lo conocí yo. Era un «vejete» también recogido por mi abuela. Comía, dormía, era como uno más de la familia. El señor Augusto y su mujer era un matrimonio de ancianos que vivían en el mismo callejón de mi abuela, ¿sabes? —señala con el dedo sobre la mesa trazando sobre ella un plano imaginario—. Esta era la casa de mi abuela y esta era la del señor Augusto, una casita muy pequeñita, con una habitacioncita para la cama y luego un saloncito y la tenían siempre limpia y brillante como los chorros del oro. Un día, pues se muere su mujer y el señor Augusto se queda solito. ¡Ea, otro recogido! Sólo que este viejito dormía en su casita. Mi abuela le lava y le plancha la ropa y le da de comer. Otro hombre recogido era Pablito «el Jorobado». Este hombre no tenía familia. Era soltero, ¿no?, y se quedó también. Como teníamos labranza y cosas de esas él servía para cuidar de las vacas, sacarlas, estar al cuidadito... cualquier cosina, así poca cosa se encargaba él. Mantenido, vestido... Teníamos un corralón muy grande donde estaba todo el ganado. Allí había una cocina grandísima donde realizábamos la matanza. Tenía una bodega y una habitación muy grande y ésta se le acondicionó a este hombre. Allí dormía. A estos hombres ancianos los tenía mantenidos, vestidos y todo...

—¿A cuántos viejitos tenía recogidos?

—¿Recogidos?

—Tres o cuatro, ¿no?

—Bueno, luego el abuelo se vino con nosotros; con el Abuelino eran cinco o seis... ¡Ah, el que llevó tu padre! —de pronto le vino a la memoria algo que ella consideraba muy importante. Dio un requiebro a su relato lineal y se quebró un instante para dar más atención a lo que tenía que contar intentando recordar más profundamente. Unía su infancia con su juventud adolescente diferenciando bien cada momento. Se sentía niña y lo expresaba con dulzura. Su realidad pasada estaba presente con toda la fuerza de sus emociones—. ¿Cómo se llamaba este hombre...? —intenta recordar y por fin emerge de su memoría como una chispa encendida—. ¿Martín? Sí, Martín. A éste le llevó tu padre, se lo encontró en yo no sé dónde. ¡Le dio tanta pena...! Tu padre le dijo a mi abuela Araceli que lo recogiera porque se le veía una persona muy educada e importante. Este hombre el tiempo que estuvo daba de comer a los caballos y por las noches nos enseñaba a los más jóvenes a leer con sabiduría. Ese hombre se veía que era un talento. Después de un tiempo, y ya recuperado, nos dijo que se tenía que marchar. Que estaba muy agradecido por todo, pero que se tenía que ir. Tu padre se quedó con las ganas de conocerle, pero él nunca nos contó nada suyo. Era un hombre muy educado y respetuoso. Este hombre quizá fuera algún político relacionado con la guerra. ¡Vete tú a saber quién sería! Nos quedamos con las ganas de saber más de él. Nos dio mucha pena, pero se marchó. Se fue recuperado, hecho un hombre; totalmente recuperado. Llegó derrotado; le habíamos asistido y nos dejó su sabiduría. ¡Nunca supimos más de él! —la voz de mi madre adquiría un tinte misterioso al hablar de Martín, aquel desconocido intelectual. Por aquellas fechas, la gente humilde concedía mucha importancia a las personas con estudios, o letradas, como se decía en aquel tiempo. Y ella reflejaba ese respeto y admiración por aquel hombre tan educado, recogido por la bondad de mi padre y cuidado por el amor de la abuela Araceli, mi madre y su familia.

—Mi abuela Araceli tuvo la muerte que ella quiso.

—Ese momento te impresionó mucho ¿no?

—Luego, verás tú. Cuando a tu abuelo José se lo llevaron tan malito a Badajoz, pues se vino ella con nosotros a la calle Obispo Soto de Zafra. Entonces dormía con ella. Yo me acostaba la primera. Cuando ella venía, yo fingía estar dormida. ¡Ella no quería ver sufrir a nadie! Y ya al rato, cuando pensaba que yo estaba bien dormida se sentaba en la cama a hablar y decía: «Santísimo Cristo del Rosario, no te lleves a mi hijo...», y todo eso lo cogí yo. No sé cómo describir este momento tan emotivo para que entiendas la profunda emoción del alma de mi madre, la abuela Catalina. En ella se mezcló también el recuerdo de su padre José, tan bueno como la abuela Araceli.

El amor tan intenso que percibí en mi madre todavía vivo en su corazón me hizo comprender la dimensión tan profunda y enigmática que encerraba. La observé fríamente en la medida que pude contener mi propia emoción, para que mi mente se empara con detalle de aquel instante único. Yo había visto llorar en muchas ocasiones a mi madre e incluso esta historia otras veces me la había contado de la misma forma, pero aquel momento por fin era entendido y asimilado de cerca con la capacidad necesaria para profundizar en la enorme humanidad y espiritualidad de su proceso. Mi madre respondía a mi pregunta con la auténtica emoción objetiva que percibió en el pasado. Por entonces tendría unos diecisiete años y ya había desarrollado en ella la supuesta capacidad que yo tengo ahora a la edad de cuarenta y seis años. ¿Qué curioso, verdad? Qué distancia de perfección me lleva la abuela Catalina. Y ella en su profunda humildad no se valora. Ni nadie la valoró en su dimensión espiritual y humana. Porque fue un diamante enterrado por la podredumbre de la historia humana (como todas las mujeres de su época) escrita por el odio, la prepotencia, el egoísmo, los intereses, las ideologías, las necesidades acuciantes, el machismo... toda esa gama de aspectos considerados como «lo más importante» que son *¡mierda!* en comparación con la esencia profunda y noble.

Yo en aquel momento percibía a mi madre en la misma sintonía que ella percibió a su abuela. Como si hubiera dos espejos viendo la misma realidad, el mismo espíritu reflejado el uno en el otro. Yo percibía a mi madre y ella percibía a su abuela, y los dos contemplábamos el mismo conocimiento reflejado en cada uno de los espejos, como el ojo de la conciencia que todo lo ve. ¡Qué misterio!, y qué impresión al conocer la profunda evolución humana del alma de mi madre. A tan temprana edad percibía ya matices del sufrimiento profundo de los demás. Era capaz de conocer y aprender con certeza su camino espiritual y humano. Una mujer. Una simple mujer despreciada y humillada por el machismo y la sinrazón de la época era capaz de comprender cosas que los más eruditos y los considerados grandes hombres, quizá no entendieran nunca en la vida.

Catalina dio un suspiro, levantó la cabeza y la apoyó contra la pared. Los suspiros de su alma enrojecían su rostro, cerró los ojos y empezó a llorar. Las lágrimas surcaban su rostro y abría su boca para respirar. Lloraba recordando a su abuela Araceli. Sentía aquel ser cerca, tan dentro de ella, tan vivo que se estremecía sin poderlo remediar. ¿Qué misterio encierran esos seres que se unen tan poderosamente a otros seres para aprender la gran lección de la vida y crecer en un orden humano y espiritual profundo y sin límites? Muy pocos seres humanos se dan cuenta de este proceso. A simple vista nadie se da cuenta, es necesario desarrollar capacidades de percepción del interior para saber el profundo significado de las emociones que son como la gama de colores con las que se viste el espíritu. ¿Es necesaria la experiencia del sufrimiento para evolucionar? Parece irremediablemente que sí. El sufrimiento nos despierta. Los seres humanos tenemos espíritu y se manifiesta cuando existe un orden interior, en ese momento crecen las semillas, y éstas demandan agua espiritual. Mi madre necesitaba la energía espiritual de su abuela Araceli y desde muy niña se unió a su manantial. Necesitaba aprender de ella todo lo bueno. Fue la única de cinco hermanos que sintonizó con la verdad profundamente humana. A mí en estos momentos me ocurre algo semejante a todo cuanto le ocurrió a mi madre en su infancia y adolescencia. Necesito aprender de mi madre, beber de su humana y espiritual existencia. Sentir que el amor existe de verdad, porque en ella es una realidad viva. La necesito porque estoy sediento de valores de la vida y sobre todo percibir el gran misterio del interior bueno y noble. ¡Qué importantes son las buenas madres, los buenos padres y los buenos abuelos y abuelas! Son necesarios para la salvación de este mundo salvaje y deshumanizado.

—¿Qué edad tenías? Eras muy jovencita, ¿no?

—Sí, tendría catorce o quince años cuando el abuelo se puso tan malito —sus palabras eran ininteligibles. Lloraba como una niña pequeña y al instante se repuso hablando con claridad—, catorce o quince años, una cosa así —después siguió hablando entrecortadamente de su abuela Araceli—, y decía: «No te lleves a mi hijo... que él les hace mucha falta a sus hijitos... ¡Llévame a mí!, pero dame una hora corta... para que no haga sufrir a nadie.» Siempre decía eso: «No te lleves a mi hijo...», y que le diera una hora corta para no molestar a nadie... Y así fue —sus palabras brotaban llenas de emoción. Lloraba recordando la situación dramática que vivió tambien ella por la enfermedad de su padre. El miedo, el sufrimiento... en un alma adolescente le causó honda impresión y lo manifestaba con toda su crudeza. Todo su cuerpo vibraba. Sus manos servían en esos momentos para limpiarse las lágrimas. Se refregaba los ojos y seguía hablando—. Y así fue... una noche que estábamos reunidos todos allí —entonces tu tía Dolores era novia de tu tío Carlos—, Manolo... y todos se encontraban esa noche allí. Se sentaba en una mesa camilla y hablaban de sus cosas. Las puertas estaban cerradas. Había bar dentro de casa y mi abuela Araceli les servía. Ella se sentaba en una sillita y en una baldosita se ponía su jarra de agua y el vaso en un lugar donde no estorbara. Y entonces al mover la jarra para echarse agua en el vaso, se conoce que

le entró un dolor. Llenó el vaso y lo levantó y todo...
pero en ese momento murió en el acto. No moles-
tó a nadie. ¡Qué cosa!, y allí se despidió de nosotros. Pero... antes de morir había estado leyendo el
periódico a los mozos. Ellos, cuando terminaban su
trabajo, se sentaban allí a tomarse su botellita de
vino y les leía las noticias.

—¿A qué edad murió?

—A los setenta y cuatro. Pero estaba hecha una
bendición. Guapetona, que daba gusto verla. Y ya
te digo que nunca demostró ningún sufrimiento.
Todo lo sufría por dentro. A ella sólo le salía dar
ánimos. Tu padre la quería mucho. La quería porque hizo por él lo que nadie en la familia. A tu padre
nadie, nadie, nadie le quiso... sólo la abuela Araceli se dio cuenta de lo bueno que era. «¡Hijo mío!»,
le decía.

—¿Y por qué cayó tan mal papá a la familia?

—Pues porque era un don nadie. No sé. Rarezas
de la familia. Fíjate, por aquellas fechas vendía por
las calles. Era vendedor ambulante, con eso ya te
digo todo. Era un luchador muy honrado y bueno.
La abuela Araceli, mi padre y mi tía Sofía fueron
los únicos que le dieron cariño.

—¿Conociste a tu abuelo?

—No le conocí. Se llamaba Leopoldo. También
era una excelente persona... pero es que mi abuela,
el abuelo José y tita Sofía eran unos santos.

—¿Y no iban a misa, ni nada de nada?

—Tenían su fe al Cristo del Rosario. Mi abuela, hasta que murió, tenía su Cristo del Rosario en su mesilla, con su lamparita de aceite encendida. Eso que no se apagara ¿eh? ¡Era un ser! Cuando había que ir a misa se iba, pero nada de fanatismo ni de beatería. Estaban centrados en la fe cristiana, que es hacer el bien. Yo creo que es eso, ¿no?, y eso es lo que hemos vivido nosotros —dijo con sencilla firmeza desde el pensamiento que se hace acción y realidad.

Figura 7.—*Reunión familiar.*

Muchos de nuestros abuelos vivieron con fe profunda el mensaje esencial de Jesús, enriqueciéndose con los valores de la espiritualidad.

Su pensamiento iba estrechamente unido a las acciones de la vida diaria, fieles a sus sentimientos más nobles, emanados de la certeza del hecho del amor y lejos de la mezcolanza moral aberrante de la jerarquía eclesiástica y las imposiciones del Estado, aunque inevitablemente condicionados por el autoritarismo y el miedo que infundían las enfermizas personalidades de los dos poderes que guiaban al pueblo. El demonio, el pecado, el infierno...; la represión, las leyes autoritarias, la corrupción...; la explotación insensible e inhumana... provocaban terror en los débiles y repulsa en los más rebeldes, emponzoñando la mentalidad sana y noble. Los seres humanos de aquella época que supieron discernir a través de la vida de valores solidarios, fueron indiscutiblemente los verdaderos héroes, las semillas que perdurarán en el tiempo. Y ellos son nuestros abuelos y abuelas. Muchos hoy día son despreciados y recluidos por la deshumanización en asilos o abandonados a su suerte. Como aquel anciano que unos energúmenos abandonaron en una gasolinera. Los abuelos son indiscutiblemente necesarios para el equilibrio de los pueblos.

Aquellos eran tiempos de guerra, escasez, hambre, farsa, moral represiva... El principal argumento disuasorio era el temor de Dios, un Dios investido de autoridad civil, de ordeno y mando, al que se le atribuía ser juez del Juicio Final y la condenación del infierno. El temor fue un chantaje social para doblegar a todos a un orden esquizofrénico donde se mezclaba el sexo, los intereses... un revuelto de costumbres que sólo producían confusión y locura en los más débiles. En estas condiciones la vida transcurría en los pueblos, en las ciudades, en suma, en el país entero y el nombre de Dios y de Jesús eran utilizados impunemente para limpiar las manchas del pecado, donde sólo eran conductas sanas del amor y la propia reacción de la naturaleza.

Al pueblo llano y noble en la España de los años treinta se le consideraba por la derecha católica y

Figura 8.—*Ambiente de aquella época con el abuelo Laureano.*

fascista, como hez social. La inmensa mayoría de nuestros abuelos y abuelas nobles fueron víctimas de los prejuicios ideológicos y sin embargo muchos conservaron el tesón y la fortaleza de tener claro el desempeño de sus vidas en una utopía que ellos con profundo conocimiento fueron incorporando como la auténtica verdad práctica que merecía la pena día a día defender. Una intuición y un sentimiento universal que todos los seres humanos llevan dentro chispeando, y que son emociones que unen a los hombres y mujeres para su propio bien y evolución. Este es el espíritu del mundo y la auténtica revolución que toda civilización debe asumir. Nuestros abuelos nobles son los portadores de semillas de verdad que con sus historias verídicas y profundas siembran en sus hijos y nietos, la familia humana, para el desarrollo de la auténtica expansión de una nueva era cargada de esperanzas. Porque la humanidad es un misterio insondable y en ese camino estamos todos como ciegos, palpando lo que puede ser de una vez por todas el claro despegue de la integridad humana en la aldea global del mundo.

Quiero imaginarme por un momento cómo se generó el espíritu bueno de mi madre y mis abuelos y encuentro sólo una razon generadora de sensibilidad: «el sufrimiento solidario». Cuando se genera y se conoce en uno mismo, como consecuencia del amor profundo hacia los demás,

surge un espíritu que lo humaniza todo y no soporta las injusticias. Y en este proceso, la guerra
y la barbarie hicieron mella en muchos seres ín-
tegros, que dieron incluso su vida en favor de los
demás.

CAPÍTULO V

LA ABUELA CATALINA
(Guerra y paz)

Las ideologías de izquierda y derecha entraron en un proceso decadente donde las bajas emociones por ambos bandos conquistaron niveles de estupidez y maldad sin límite. El lado oscuro de aquellos seres salió a flote e hicieron explotar la violencia y la muerte. Al pueblo honrado se le salpicó de podredumbre. El desenfreno, el odio, el ajuste de cuentas, el absurdo despilfarro, los juicios sumarísimos, los paseos homicidas, las persecuciones y los crímenes horrendos y gratuitos, fueron el orden del día en aquella España brutal y terrible de lujo y miserias. Por aquel entonces, ¿qué España era la buena y la mala? A la vista de los acontecimientos, las ideologías, la locura, la ignorancia... construyeron el terrible y temible monstruo de la maldad, tomando en sus garras a los dos ingenuos bandos para despedazarlos en una infernal guerra civil.

«En 1937 corrían tiempos de pesar y brutalidad sin límites. Se acababa con los vivos, y a los muertos los desenterraban para servir de mofa siniestra. Los ideólogos nocivos sembradores de odio, como Lerroux, habían sugerido violar a las monjas, pero fueron más allá en frecuentes espectáculos del horror, falta de respeto y mal gusto. *En muchas iglesias sacaron de sus enterramientos a curas y monjas y los expusieron en posición coital a la morbosa curiosidad de los ciudadanos.*» (Torcuato Luca de Tena.)

La guerra iba para largo y la gran mayoría del pueblo ignoraba el porqué del estruendoso acontecimiento. Nuestros abuelos nobles querían solamente vivir y trabajar en paz y que todo se resolviera con madurez, amor y armonía. La pobreza y las necesidades extremas existían y había que remediarlas, en solidaridad, pero la escasa evolución interior de la mayoría no estaba por la labor. La mala bestia aparecía del lado oscuro, destruyendo razones y emociones nobles.

La izquierda perseguía a la Iglesia y ésta se unió a la derecha e hicieron causa común. La mezcla estaba asegurada y los pobres inocentes recibían, ideología, abusos, balas y metralla. Militares, curas, políticos, peligrosos ideólogos de la violencia, escritores... todo era un amasijo confuso. ¿Quién en verdad luchaba por el bien ajeno? ¿Quién supo entender desde el sufrimiento a los más necesitados? Los únicos que podían empatizar con la desgracia ajena eran aquellos que vivían en idénticas condiciones de sacrificio: la abuela Catalina, mi abuelo José, mi bisabuela Araceli, y tantos, repito una vez más, santos anónimos que creían en la verdad de los valores humanos esenciales y los ponían en práctica con el prójimo considerado como un hermano.

La guerra trae consigo el desorden y el caos. El comportamiento sexual fue otro fenómeno que se desencadenó como un estímulo para gozar el presente como evasión. Las situaciones de peligro provocan violentas subidas de la sensualidad colectiva, según los sociólogos. El país entró en una fase de euforia sexual desmadrada creyendo que para destruir la opresión del capitalismo tenía que ir en contra de la moral clerical. Milicianos y milicianas en mangas de camisa y despechugados se metían mano en la vía publica alardeando de su liberadora promiscuidad. Tanta indisciplina sexual propagó las enfermedades venéreas hasta tal punto que causaban tantas bajas como el enemigo, y la República tuvo que poner remedio a los problemas sociales y dictar decretos en favor de las parejas. Por entonces ya había decrecido la fiebre de uniones libres por unas bodas civiles que podían ser cómodamente sancionadas casi por cualquier autoridad política o sindical. También las autoridades, preocupadas por el lamentable estado sanitario de las tropas, organizaron una campaña de concienciación.

Después de la guerra y con la victoria fascista se impuso una educación ridícula creada por una minoría de reprimidos sexuales. Y a la vez la Iglesia construía una moral represora y perversa desaconsejando los bailes como una perversión donde los demonios causaban estragos en las inocentes jovencitas. Bailar agarrados era ocasión de pecado. Se gestaba por momentos la moral nacional para evitar la perdición. Se mezclaba lo divino y lo humano de una forma ridícula, y lo peor de todo fue el tremendo protagonismo que se dio al infierno para atemorizar a la gente. La conciencia de pecado invadió todos los rincones. La iglesia se encargaba de crear una educación surgida de la imaginación de un núcleo de doctos educadores: enfermos mentales y con poder para convertir sus pensamientos en educación oficial. El pueblo español fue marcado con la señal del miedo, el dogma... en suma, fueron la ignoracia y el principio de autoridad de supuesto origen sobrenatural los que marcaron un camino como un desastroso remiendo que insertaron en nuestras mentes para restablecer el orden y el dominio sobre las masas.

El padre Laburu opinaba que las playas también constituían una ocasión de pecado. Decía que el peligro de las playas radicaba en la exhibición impúdica y que ello hacía que las pasiones se desbordaran en lujuriante actividad violando procazmente los altos fines de la Divina Providencia. El padre Blanes denominó a las playas como «gusaneras multicolores».

Es curioso cómo el Estado y la Iglesia se unieron en la creación de normas morales represoras.

«La Dirección General de Seguridad remitió a los gobernadores civiles la correspondiente circular sobre normas playeras:
"Queda prohibido el uso de prendas de baño indecorosas, exigiendo que cubran el pecho y espalda debidamente, además de que lleven faldas para las mujeres y pantalón de deporte para los hombres.

Figura 9.—*La abuela Catalina y el abuelo Laureano en aquella época.*

"Queda prohibida la permanencia en playas, clubs, bares, bailes, excursiones, y, en general, fuera del agua en traje de baño.

"Quedan prohibidos los baños de sol sin albornoz.

"La autoridad gubernativa procederá a castigar a los infractores, haciendose publico el nombre de los corregidos."»

Coitus interruptus
JUAN ESLAVA GALÁN

Toda esta serie de pamplinas influyeron en la conducta de la sociedad de nuestros abuelos y llegó hasta nuestros días. Muchos de ellos nos cuentan sus batallitas e incluso mantienen esquemas mentales de la época, cuando en su más tierna infancia fueron educados en el puritanismo, para no ser impúdicos en el más estricto sentido de la palabra o libertinos en el más amplio sentido del libertinaje. Pero siempre y del fondo sale la verdadera y profunda personalidad del ser humano inhibido, y como mi madre, la abuela Catalina rompe con su pasado inútil o las aguas vuelven a su cauce en el caso de aquellos que sufrieron la sacudida caótica de la revolución y la guerra. Unos y otros son marcados para toda la vida y nada ni nadie podrá devolverles una mente limpia de los efectos diabólicos e inhumanos de esa panda ruidosa y criminal que siempre marca y mata a los más inocentes.

Recuerdo cómo la abuela Catalina se revelaba de esta forma contra la ridícula moral represora:

«... Después, llegaba la fecha de Semana Santa y la confesión era obligatoria. Y claro, y si no, eso... pues estabas con el miedo de no haber dicho los pecados. Si no te confesabas estabas con el miedo... *¡Mierda!*»

Me causó un sobresalto. Su voz se alzó con ira irreverente. Dio un golpecito en la mesa. Fue como romper en pedazos aquella moral enfermiza, recuerdos reprimidos por la represora estrechez de la educación religiosa del Estado. Me chocó tanto su rebeldía que me hizo gracia y reí con ganas durante unos momentos...

Figura 10.—*Novios de aquella época.*

Los ultimos serán los primeros

La abuela Araceli murio en 1942 a los setenta y cuatro años. Mi madre la recordaba desde su corazón, sintiendo la suave fragancia del amor profundo, desde el mismo instante en que las emociones empezaron a prender y a tener conciencia en su corazón de niña.

En la vida de un país existe el gran ruido que producen aquellos que dicen conducir la historia y los pueblos. Ellos son los que quedan grabados en letras grandes del oro de la vanidad, para hacer patente su importancia. Pero siempre fue, la inmensa mayoría noble, la gran ausente e ignorada corriente de aguas cálidas y cristalinas, que se deslizaba bajo el témpano histórico. Siempre corrió caudalosa, espontánea, anónima e invisible. Si algún día dejara de existir la auténtica verdad, alegre, noble, ingenua, emotiva... todo el témpano se vendría abajo resquebrajado y seco de energía. Y nuestros abuelos son un componente importante de la gran energía noble que fluye en el mundo para que todo el proceso de equilibrio y paz sea posible.

Desde hace algunos años hay una frase en mi cerebro que me hace entender un proceso muy significativo: *Los últimos serán los primeros*, y los abuelos nobles llenos de vida interior están dentro de de esta profecía porque en verdad esta sociedad estúpida rechaza la esencia de la vida. Los corazones de hielo abundan. Todos sabemos que el desierto avanza, que es lo mismo que decir: la deshumanización avanza. Y a todos los seres considerados insignificantes por la vanidad e importancia extremas, llegará el día en que se les contemple como verdaderos, y los más auténticos, porque poseen la frescura y la espontaneidad; la alegría y la bondad; la capacidad de amor y de entrega sin pedir nada a cambio... Mientras que el mundo interesado y egoísta avanza a velocidad de vértigo y los abuelos que conservan en sí la alegría del niño y la experiencia de toda una vida, en el ejercicio humano y en continuo crecimiento, serán los primeros. Hablarán al desierto y serán admirados y reconocidos como seres de extraordinario valor. Las familias reconocerán en ellos su reinado. Reyes y reinas del amor porque en su corazón nunca faltó el silencio y la entrega desinteresada. Fueron despreciados por los «listos ignorantes» dominadores de la razón lógica, implantada en sus cerebros como protesis práctica deshumanizada y para la acción momentanea e interesada.

Sus nombres resucitarán en las mentes de los vivos que aprecien el inmenso valor de la riqueza de sus corazones. Entre los muertos se oirán sus voces proclamando con palabras sencillas el significado profundo de ser buenos. Serán llamados y amados y nunca más tendrán que soportar los duros envites de las imposiciones inhumanas, porque ante la maldad siempre habrá a su lado alguien que proteja su santidad.

Me atrevo a escribir así porque en estos días estoy viviendo la resurreción de mis antepasados buenos en mi mente y en la mente de mi familia. La abuela Catalina sirve de conexión directa con su recuerdo emocional y su *forma de ser* como el espíritu vivo y noble de la familia que vuelve a revolotear para traer el corazón de las emociones nobles al desierto.

Ayer día 20 de diciembre fue enterrado un familiar querido. Murió el tío Carlín (valga este inciso como un recuerdo en su memoria), el esposo de Dolores, hermana de la abuela Catalina, y ella estuvo presente. Su voz se oyó en medio del silencio de todos. Ante el dolor que produce la muerte, fue bálsamo para el sufrimiento y calor de amor. Catalina —la cenicienta, la última, la más servicial y cariñosa— es el ser más adorado de la familia en estos momentos. Ahora es la primera y la abuela solicitada por todos.

Nuestros abuelos y abuelas son seres espléndidos cuando su alma nace a la generosidad, transformándose en generadores de amor. Muchos abuelos y abuelas son así, su pureza de espíritu y sabiduría es la gran corriente del mundo y el primer punto entrañable de partida para las nuevas generaciones.

* * *

—A mi abuela Araceli se le murieron los hijos de meses. Algunos no llegaban al año, porque antes por un simple constipado o por una diarrea se moría. No había ciencia, ni médicos... ni nada de nada para los pobres... ni para los ricos... Mi hermana, la que venía detrás de mí, también murió de una diarrea, ¿sabes? —mi madre seguía ensimismada en su pasado. Lo hacía presente con todo tipo de detalles, e incluso historias que le habían contado a ella de muy niña se grabaron en su memoria y las contaba con la misma emoción de sus vivencias—. De diecisiete hijos, a mi abuela Araceli sólo le quedaron tres: mi padre José, su hermana Sofía y Manuel. Y el último, en la mili, ya hombre... fíjate la muerte que tuvo. Murió a los veintitrés o veinticuatro años. Mi abuela Araceli lo esperaba con toda su ilusión. Mi abuelo Leopoldo fue a recogerle a Badajoz porque le habían licenciado. Él quería darle una sorpresa, pero uno de sus compañeros se adelantó corriendo y le avisó de que su padre había llegado. «¡Manuel! ¡Manuel! ¡Tu padre viene a por ti!» El otro empieza a saltar de alegría y con tan mala suerte que el suelo de madera se rompe bajo sus pies y cae a un lugar que no sé cómo explicarte. Era como un subterráneo por donde corría mucha agua a mucha velocidad. Llevaba una corriente tan grande que al caer allí se lo llevó, desapareciendo sin dejar rastro. Estuvieron buscándole todo el día, pero fue como si se lo hubiera tragado la tierra: desapareció para siempre. Mi abuelo Leopoldo volvió a casa y no sabía qué decir. Mi abuela Araceli al ver que no venía su hijo preguntó asustada: «¡Pero, ¿y Manuel? ¿Dónde está?» Mi abuelo le respondió que tuvo que quedarse unos días en el cuartel por no sé qué motivos. No sé qué historia le contó. Ella se lo creyó. Él se untó de alcohol la frente y se puso un pañuelo porque le dolía mucho la cabeza y se acostó. Al rato mi tío Anacleto se presentó llorando: «¿Pero qué dices? ¿Qué pasa...?», dijo mi abuela Araceli, y ahí se enteró de todo.

—Tú, ¿qué edad tenías?

—Yo no había nacido. Fue un suceso que se contó mil y una vez. Unas veces por mi abuela Araceli y otras por mi padre o mi tía. Mi padre después no hizo la mili. Así que fíjate qué drama tan grande, y qué sufrimiento, pero ya te digo, nunca conocí una mujer tan valiente y buena como ella. Así que cuando murió llevamos el luto siete años.

—¡Siete años vestidas totalmente de negro!

—Sí, sí, así como te lo digo. Siete años vestidas de negro y con velo.

—¿Quién inventaría tal costumbre?

—No lo sé, pero fíjate tú, cuando murió mi padre, el abuelo José, tu prima Mari Loli, que era una niña, se acercó a ver a la abuela con una rebeca roja, pero ya el abuelo llevaba un año y pico muerto y se disgustó mucho: «*¡Ni que fuera un* *perro!*», dijo muy enfadada. Fíjate hasta dónde llegaban el respeto y las costumbres.

—Era una exageración, desde luego —me hizo gracia la forma de expresar aquella frase: «*¡Ni que fuera un perro!*», y nos reímos. Y así era todo, una educación impuesta por la tradición y alimentada por la jerarquía eclesiástica que ejercía el poder sobre las masas.

—Muchas personas ya no se quitaban el luto en la vida. Mi madre vistió de negro hasta que murió. Y tita Sofía igual.

—¿Se acostumbraron a vestir así?

—Digo yo, el luto no se quitaba de pronto.

—¿Cómo?

—Para volver a vestir normal del negro pasábamos al medio luto. ¿El medio luto sabes tú qué era? Un vestido blanco y negro. Así ibamos hasta que desaparecía. Las niñas debían llevar un trajecito blanco y negro desde el principio y los adultos luto riguroso.

—¡Ay, madre!

—Sí, sí, así era, y la persona que no lo hiciera así... *¡Otro pecado de los gordos!*

—Como si no sintiera la muerte del familiar, ¿no?

—Sí, sí, ¡era una cosa...! ¡Ah!, y luego los hombres con brazalete. Tú tambien lo llevaste cuando murió el abuelo. O bien en el piquito del cuello de la camisa, algo negro.

—Ves, eso sí está bien.

Figura 11.—*La abuela Catalina vestida de luto por la muer-*
te de su padre.

—Algo así como llevan los futbolistas cuando
se muere un compañero.

—Sí, como un lacito de algún color. Por supuesto
no tiene que ser negro.

—Es que antes si no se guardaba luto era como
si no tuvieses sentimientos o algo así.

—Sí. Pura norma que había que cumplir por la
costumbre. Era una forma de vivir. Una mentalidad
adquirida por tradición.

—Eso mismo. Fíjate tú los cementerios. Otra mentalidad, ¿no? ¿Por qué en otros países no existen? Pues porque tienen otra mentalidad.

—Como en la India, que los queman o los tiran al río sagrado, y ves a los vivos bañandose con los muertos.

—¡Ahhgg! ¡Pues yo no sé qué será mejor! —pensar en aquello le producía repugnancia.

—¡Tú fíjate qué costumbres! Pues ellos piensan de nosotros lo mismo. Cuando ven los cementerios se asombran.

—¡Vete tú a saber de dónde vienen esas costumbres!

—Muchas son costumbres ancestrales y tienen un significado muy espiritual. Como aquí pasa con la religión católica y la resurrección de los muertos. Yo creo que es mejor comprender y vivir la vida de aquí y ahora, que estar continuamente pensando en el más allá ¿no?

Yo expresaba mi experiencia y una forma de pensar ajustada a comprender lo más cercano que tenemos: nuestra vida, respirar, despertar nuestros sentidos... para comprender mejor la existencia y todo lo que nos rodea. Parece muy limitado, desde luego; quien sea capaz de conseguirlo es el sabio más sabio de todos los sabios. Es necesario ser así para adquirir una conciencia concentrada y el control suficiente del interior.

Mi madre era grandiosa y capaz de vivir de esta forma y a la vez poseía fe. Siempre se resistía a creer que todo terminaba con la muerte

—Nosotros hemos sido educados así. Yo, desde luego, me moriré creyendo en eso, porque algo habrá ¿no? —mi madre creía. Al poner en duda la existencia del más allá concebido en su mente, reaccionaba protestando tímidamente, por no llevarme la contraria ni lo más mínimo; expresando la esencia de su sentimiento más profundo.

—Decir ahora mismo que tú mueres con tu conciencia limpia, de no haber hecho ningún mal, es muy importante. Porque ahora mismo las personas que han hecho mal, por ejemplo ese tío sinvergüenza, que no merece otro nombre: Pinochet. ¡Hombre, que encima diga que no ha cometido ningún crimen y que hay que indultarle! ¡Y que son mentiras todos los crímenes que han cometido él y su camarilla de delincuentes! ¡Hombre, por Dios! —oír la voz de su pensamiento sano, rebelde y tan identificado con el bien y la verdad, me estremecía. Me sentía identificado totalmente con ella y a la vez era un fiel reflejo de su padre, el abuelo José y su abuela Araceli. Percibía cómo el sentimiento de justicia y verdad es hereditario. Generación tras generación fluye perfeccionándose en cada ser que se llena de sangre y de vida. Pulsando la rebeldía en cada instante que se perciben los hechos de la maldad. No cabe duda que las circunstancias interfieren y hay que vencer innumerables obstáculos para conseguir no perder la huella de los tesoros internos de la evolución. Ella, a sus setenta y tres años, era una triunfadora del bien. Por su boca salían sonidos de una pureza angelical. No me extrañaba nada su reacción ante mis observaciones limitadas. Sé que tengo mucho que aprender y sobre todo entender la fe profunda de las almas que intuyen algo más; otras forma de vivir que no sea el infierno de esta tierra llena de inmundicia racionalizada—. ¡Hombre, por Dios!, que digan que lo único que hicieron era una limpieza a fondo y lo vean tan normal y encima nieguen sus crímenes es inconcebible!

—Eso lo podían decir antes, cuando no existían imágenes de los hechos delictivos, pero ahora las cámaras lo ven casi todo. Los medios de comunicación informan de los acontecimientos muy extensamente y la opinión pública toma conciencia real de los hechos. La maldad de los seres humanos ya no puede pasar inadvertida y todo el mundo la conoce. Por este motivo el ser humano del futuro se remontará hacia el bien y la verdad en una evolución consciente sin precedentes. El conocimiento se incrusta en cada célula y es consciencia.

—¡Hombre, sí, pero...! ¡Qué sinvergüenza! Porque si se hubiera arrepentido, ¿verdad? Y no se arrepiente —ella insistía con la imagen fatídica del general Pinochet en su mente. Generaba emociones de ira y resentimiento hacia aquella figura arrogante. Parecía no escucharme.

—Mira lo que están echando ahora recordando, ¿eh? Lo ponen en todos los sitios para que lo vean. ¡Qué sinvergüenza!, porque si fuera un arrepentido, ¿verdad? Y no se arrepiente. ¡No se arrepiente! Dicen de la limpieza. Es necesario, pero hay que saber a quién se limpia, no a los inocentes como ha hecho él. Hay que limpiar la maldad del mundo de una vez por todas... Y... y Franco era igual... —sus pensamientos se fueron deslizando de nuevo hacia el pasado que había vivido. La guerra era una huella imborrable. Conoció muy de cerca la limpieza que hicieron los fascistas, durante y después de la guerra, y no pudo reprimir el recuerdo—. Franco era otro igual, de la misma especie. Ese iba casa por casa... bueno, los mandaos... ¿no? Ya te digo, los mandaos, que es lo mismo. Se cargó a muchos inocentes. Familias enteras. Sin culpa de nada, sólo por tener una idea, o porque no querían ser franquistas y casi todos en aquella época no tenían ni idea de nada, nada más que su familia, y a esos pobres, a todos los barrieron los canallas esos. Y que no te vieran ni una hebra de hilo color rojo. Colorao como yo digo, porque te fusilaban. Nosotros en nuestra familia teníamos calcetines rojos y otras prendas de ropa y las tuvimos que quemar todas. El rojo les encendía la maldad. ¡Qué cosas, madre mía! ¿Tú te crees que había derecho? Ninguno. Se volvieron

102

todos locos, los de un bando y los del otro. ¿Cómo es posible que sucedan estas cosas todavía? Eso es que hay algo malo en las entrañas de los seres, ¿no te parece? Esa maldad nace al más mínimo descuido, ¿no te parece? —la abuela Catalina expresaba sus vivencias tratando de enlazar sus convencimientos con los míos. Tendía a convencerse profundamente de que aquellos recuerdos habían sido ciertos. No eran ficticios los acontecimientos violentos e injustos, no. Con su voz suave y en un tono muy bajo y entrañable se apreciaba ira y rencor en contra de la barbarie. Orientaba sus emociones como escopeta que dispara hacia lo siniestro. Un disparo del enemigo en sangre inocente era una bomba que estallaba en su corazón. Aquella sangre derramada injustamente le producía pena y repulsa

—Fíjate, después de la guerra no se podía tener ni cuchillos. ¡Pues ya ves tú! Nosotros en el bar de mi padre, ni los cuchillos de cortar el jamón. Nos deshicimos de la mayoría.

—¿Y cómo cortabais el jamón?

—Nos quedamos con algunos. Los ocultamos en el servicio. Arriba, como ventilación, había un agujero y un falso techo. Pues ahí metimos algunos. La Guardia Civil detenía a todos los que tuvieran navajas, mecheros... ¡fíjate! El jamón lo cortábamos por la noche cuando no había peligro. Después guardábamos los cuchillos en aquel agujero. Esta gente actuaba así por el miedo que tenían. Porque...

103

¡como habían hecho tanto mal...! Y luego los veías con un imperdible cargado de medallas sobre el pecho. ¡Un manojo de medallas...! El Cristo de no sé qué, la Virgen de no sé cuántos... todos los santos. Y los veías que venían dándose de importantes. Ya te digo que yo he vivido aquella época de Franco... y asaltaban sin pruebas como los delincuentes. Como el abuelo José tenía el bar llamaban y se llevaban a la gente. No podían ver a la gente charlar. Las reuniones estaban totalmente prohibidas. Al pobre de Leoncio, que había estado en la legión primero y le faltaba una pierna, le sacaron de su casa y le pegaron un tiro en el ojo y se lo saltaron, ¡y eso que había servido en la Legión! Yo no entendía bien tanta locura. Siempre teníamos el miedo en el cuerpo pensando si nos tocaría a nosotros la próxima vez. Cuando escuchábamos aporrear la puerta «nos cagábamos las patas abajo». Estaban pendientes de si había una rendija de luz para alertarnos de que estaban allí vigilando. ¡Es que no vivías! ¡No vivías, no! Y ya te digo, ¡cuántas y cuántas familias...!, ¡pobrecitos...!, que iban a vendernos leche... Tenían vacas y las ordeñaban, y por la tarde salían con su cántaro de leche a venderla. Cuando terminaban se iban al bar a tomarse su vasito de vino y luego se marchaban a casa a seguir con la tarea. Pues al siguiente día les echábamos de menos. Y es que los cogían, los montaban en un camión y... ¡venga!, los fusilaban a todos. ¿Tú te crees que había derecho? Pues no... ¡ninguno! —por momentos, tímidamente, se encolerizaba por tanto atropello y expresaba un sentimiento profundo para ajusticiar a aquellos que en estos tiempos, de nuevo, volvían a provocar la barbarie—. ¡Que lo paguen!, ¿no? ¡Pinochet y su pandilla de golfos que lo paguen!, para que no sucedan estas cosas nunca más —dijo dando un golpe suave y seco sobre la mesa.

Pasaron las horas volando, y la abuela Catalina siguió con su tarea en la cocina. Las espinacas las había troceado y se disponía a cocerlas para luego hacer una sabrosa tortilla de espinacas con ajitos y cebolla.

CAPÍTULO VI

ALDO, EL ÚLTIMO NIETO
DE LA ABUELA CATALINA

La abuela Catalina es para sus nietos un personaje entrañable y fundamental en la vida familiar, porque ella, sólo con su presencia está afirmando el sentido armónico de la continuidad de la vida. Su actitud colaboradora, no interfiriendo negativamente en el desarrollo de la familia, la hace ser un modelo de conducta. Su tolerancia pacífica y su saber estar de espectadora de los acontecimientos la capacitan para poder aportar consejos discretamente y desde un segundo plano sin imposiciones.

Su amor profundo por los suyos es el gran milagro de su vida y de su *ser*. El amor es el motor que la empuja, ya en su vejez, a seguir viva dando significado a su propia existencia, envolviendo con su espiritualidad la dureza de las relaciones humanas en el seno de la familia actual, compleja y tensa, por la transformación que se está produciendo en los últimos tiempos.

Catalina está sufriendo esta dura crisis con una capacidad insólita. La indiferencia y la incapacidad para valorar a seres tan excepcionales son evidentes en un número importante de hogares. La inconsciencia, por las propias características de un nivel de desarrollo humano precario o la deshumanización por la erradicación de los valores de la vida, dan como origen complejos y bajas emociones que ocultan la belleza y la acción de los sentimientos nobles. ¿Cómo son esos seres que ante hechos evidentes de colaboración y amor desinteresado no se dan cuenta del tesoro que tienen en sus vidas? ¿Cómo es posible la indiferencia y la falta total de aprecio de estos seres inhumanos, hacia seres que lo dan todo sin pedir nada a cambio, en el silencio de su bondad y ternura? ¿Cómo es posible que esta maldita sociedad se deje arrastrar por la vanidad ciega y la extrema estupidez y no sepa valorar a seres celestiales de pureza angelical como la abuela Catalina, que sufre por amor día a día, por sus hijos y nietos, a unos niveles profundos difícilmente perceptibles, porque se carece de atención emotiva y respetuosa?

Los buenos abuelos sufren la incomprensión, pero no se dejan influir por las bajas emociones de la ignorancia, porque saben la importancia de su papel armonizador y siguen, con las fuerzas de que disponen, sembrando el bien. Ellos saben que no hay ningún nieto que les niegue su amor cuando éstos se ven envueltos por su dulzura y sabiduría. El anhelo con que los niños desean ver a sus abuelos y estar con ellos para salir a la calle, jugar, escuchar sus historias, ir de vacaciones, contarles sus confidencias... es semejante a entrar en el cielo. Un nieto querido por sus abuelos se siente en la gloria y es motivo de equilibrio y maduración para su vida furtura.

Como Aldo, de diez años de edad, el último nieto de la abuela Catalina, expresa siempre profundos sentimientos hacia ella. Se desvive y es tan feliz a su lado que en tiempo de vacaciones o los fines de semana es imposible separarle de ella.

—Mi abuela es una persona que ama mucho. No se cansa de amar. Yo la quiero mucho. Incluso cuando tiene dolores siempre está ocupada para satisfacernos a mí y a mis tíos. Yo no sé si le gusta hacer todo, pero siempre está pendiente de lo que nos hace falta. A mí me ha cuidado de toda la vida. Yo le tengo mucho cariño.

Aldo esboza una sonrisa emotiva por su abuela. El amor profundo que siente por ella se manifiesta en la alegría que experimenta cuando la ve. Es un niño y sin embargo aprecia con detalle y madurez prematuras, el valor profundo de su abuela Catalina.

—A mí me ha dado mucho amor y yo no sé si es bueno o malo, pero me ha dado todo lo que quería. Todo, todo, todo... *todo, todo* —con sus manos y brazos expresa el volumen imaginario de todos los afectos y efectos materiales que ha recibido de ella. Habla con alegría y profunda sinceridad—. Me ha comprado libros, cromos, canicas... todo lo que quería... y sobre todo me ha dado mucho amor. Gracias a ella sé lo que es el amor. Yo no sé vivir sin ella. El día que se vaya de este mundo no sé qué voy hacer, porque, ¡como la quiero tanto y la necesito, pues...! —Aldo mira hacia el horizonte con sus ojos y al futuro con su corazón invadido de tristeza. Los ojos tienen el brillo de la emoción. Ya a esta edad es consciente del límite de la vida—. Yo la quiero mucho... cuando el abuelo murió, a mí me dio mucha pena no poderle conocer. Pero quiero decir que la abuela un día me dijo que yo había venido a este mundo para alegrarle la vida después de la muerte del abuelo. ¡Qué cosas!, ¿verdad, tito? Yo me quedé asombrado, ¡tirado...! —su cara delgadita y pálida se ilumina. Me mira sorprendido y emocionado. Aldo es muy inteligente y sus emociones nobles brillan con una fuerza y una transparencia espontáneas. Es un angel travieso como todos los niños y muy espiritual. Para su edad es muy alto y delgado, de ojos negros penetrantes. Tiene una cicatriz en el pómulo izquierdo de una desgraciada caída a la edad de seis años—. Bueno, algunas veces hay riñas, porque la riño yo o me riñe ella a mí. Algunas veces hago travesuras. Me escondo cuando quiero o no me quiero vestir... pues... se pone un poco cabreadilla. Y bueno, se

110

pone cabreada, pero... algunas veces me cabreo yo con ella. ¡Pone unas caras...! Algunas veces, cuando creo yo que hace las cosas mal... pero no es que me las haga mal... a ver cómo lo puedo explicar —se hace un pequeño lío porque le molesta haber sacado una expresión tan negativa de su abuela. Quiere rehacer la frase y...— Algunas veces no me hace las cosas... yo qué sé, es que siempre, por algún motivo siempre tengo que reñirla y entonces ella me riñe a mí. Yo sé que no está bien enfadarse porque la quiero mucho, mucho, mucho... Ella es muy buena y tiene un espíritu grande para amar. Ella, desde muy pequeña, trabajó mucho. Es muy trabajadora y muy luchadora. Es como una «superwoman». Fíjate, estuvo en Alemania mucho tiempo.

La abuela Catalina aportó mucha ayuda a los padres de Aldo al reemplazarlos cuando era necesario. Esto le dio al pequeño Aldo una gran seguridad en sí mismo y confianza en ella. Le enseñó otros hábitos y maneras de hacer. Todo ayudó al niño a sociabilizarse.

—La abuela Catalina me ha hecho grandes favores y yo estoy muy contento con ella. Es que es una gran persona... que es que no sabría explicarlo... lo grande que es. Bueno y qué, otra pregunta.

—¿Te ha contado cosas de su infancia?

—¡Qué...! ¿Cuento una? Pues tenemos que irnos a la otra acera. ¡Venga! —en aquel momento del día

27 de diciembre, paseábamos por una de las calles de la zona residencial «Espartales» en Alcalá de Henares, donde vive Aldo con sus padres y su hermana Noelia. Es atardecido y el sol está a punto de marcar su tiempo crepuscular. Hace fresquito. De cuando en cuando echamos carrerillas para entrar en calor—. Bueno. Que una vez... una historia... que la abuela, cuando tenía la edad de Noelia, más o menos diecisiete años, pues... estaba en el bar de su padre José y en un anuncio creo que vio.... No sé si fue en el bar o en otro sitio, pero en un anuncio del periódico vio un tinte de esos que se pintan las cejas las mujeres, pues como no tenía dinero suficiente para comprarse eso, pues cogió el tinte de los zapatos y se lo echó por las cejas y no veas tú después cómo le dolían los ojos, ¡qué ocurrencia!, ¿verdad? ¡Le picaban más! Y otra historia cuando se inauguró el «Alcosto», pues... había un perejil en el suelo y yo por ser tan niño lo pisé y me resbalé como si pisara la cáscara de un plátano y la abuela se cayó conmigo. Je, je, je —se desternilla de risa al recordar aquella anécdota. La abuela Catalina cuando nació Aldito en 1988 gozaba ya de su jubilación y tuvo todo su tiempo disponible para escuchar y hablar a su nieto y contarle cuentos e historias, reconfortando al niño, valorizándole y le ayudó a desarrollar su inteligencia e imaginación. Su cariño complementario repercutió en el buen equilibrio emocional del niño.

—¿Y si no hubieras tenido abuela?

—Pues me entraría un trauma porque no sabría cómo... —respondió rápido como si le hubiera hecho otra pregunta («¿Y si a tu abuela le pasara algo?») algo así referida a la muerte. La pregunta era difícil de imaginar. Él no se veía sin su abuela. Su vida se desvanecía y su mente no podía imaginarlo y... pues no hubiera tenido ni abuelo ni abuela... y eso supone mucho. Una abuela y un abuelo, depende de quien quieras más, aunque yo quiero a los dos, pero al abuelo yo no le conocí mucho. Un año nada más, pero bueno, con eso me bastó. Pues a la abuela la conozco desde mucho tiempo y a mí me supone mucho. Si me encuentro sin abuela... y

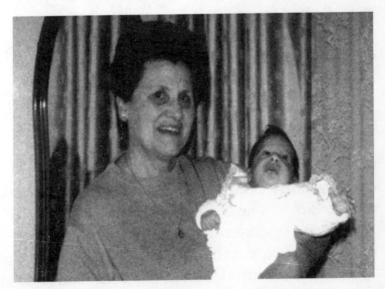

Figura 12.—*Aldo con su abuela.*

es que ella da mucho cariño, muchas cosas... y es que es difícil imaginarse estar sin ella. Por eso yo quiero que nunca le pase nada —sus palabras me las imaginaba como dos bolas chocando en un callejón dando golpes contra las paredes, indecisas, lastimeras... Dos bolas o dos nudos que recorrían el callejón de su mente de niño. Una de ellas invisible, la de su abuelo, del que compartió los recuerdos, las fotografias y los vídeos que se grabaron durante los últimos años de su vida. Laureano murió en noviembre de 1989. Aldo lo llevaba vivo en su corazón.

—La abuela Catalina cuando está en nuestra casa no se mete en nada, sólo nos ayuda y mucho. Tanto que lo hace con amor, cariño y... ¡hace todo sin cobrar nada! Porque en esta sociedad que hay ahora parece ser que todo cuesta. La abuela lo hace todo a cambio de nada, ni una peseta quiere y nos trae incluso comida. Incluso cocina con mi madre. Son muy buenas cocineras las dos. Eso significa mucho, porque incluso te ayuda en los momentos difíciles. Te ayuda, te da cariño... y hay que procurar que ella no sufra... porque sí... es que ella, si sufre pues me da pena y yo también sufro mucho como ella. Porque la abuela no merece eso. Nos ha dado tanto cariño y tanto amor que no merece sufrir nada de nada. Por eso yo quiero decir que... ¡que no hay que hacerla sufrir¡

El equilibrio emocional de Aldo entre sus padres y su abuela estaba bien compensado; de esta manera la abuela Catalina suponía un efecto complementario de cariño que repercutía en el buen equilibrio emocional del niño. Emocionalmente era uno con su abuela. Como uña y carne. Y en su mundo interior la llama del amor encendida.

Quiero a mi madre con toda el alma, pero es muy difícil comprender el amor puro que siente mi sobrino. ¿Cómo es el sentimiento de un niño que ama de verdad y tan profundamente? Y es cierto, conozco a Aldo y todas sus expresiones son de una autenticidad extraordinaria. ¿Será su sentimiento como el mío de niño cuando lloraba por ella a la más mínima oportunidad? ¡Cómo quería yo a mi madre a su edad! Recuerdo en el colegio cuando me tocaba leer, muchas veces no podía controlar las lágrimas porque me acordaba de ella. Y no podía leer. Sufría mucho cuando sentía su sufrir. No podía verla llorar, ni tampoco trabajar tanto. Entiendo a Aldo y su amor de niño.

—¿Cuál es la virtud que más aprecias en la abuela Catalina?

—¿Virtud en qué sentido?

—Bueno. Virtudes y defectos.

—Pues para mí la abuela Catalina... *¡es perfecta!* No le he visto ningún «desperfecto» ¡nunca! Algún defectillo de regañeo, porque se lo hago yo aposta. Pero eso va en broma. Pero nunca le he visto defectos. ¡Nunca!

Dicen que el amor es ciego y es debido al estado en que se encuentra el ser humano en estas circunstancias. El odio también es ciego. El lado iluminado y el lado oscuro. Cuando estamos en uno u otro lado no podemos percibir otras realidades de los seres. Cuando odiamos no podemos apreciar las virtudes de los seres y poderosamente sugestionados descubrimos sólo los defectos para tirarse a degüello sobre el ser odiado. El odio sólo alumbra los defectos, todas aquellas bajas emociones que causan daño. El amor, en cambio, no ve los defectos y los perdona. Para Aldo su abuela es *¡perfecta!* y sus defectos son defectillos sin importancia.

¡Con qué claridad veo ahora el interior del ser humano y la importancia que tiene vivir del lado de las emociones nobles! Lo bueno y lo malo adquiere significado entre los seres humanos en el sentido emocional, y todos somos conscientes de ese hecho que se esconde en nuestro interior. Por este motivo Jesús adquiere una dimensión enorme, porque entiendo que Él vino a salvar al ser humano del terrible lado oscuro donde nos precipitamos al más mínimo inconveniente emocional. Sólo es preciso un estímulo que consideremos que va en contra de nuestra importancia, de nuestra confianza, de nuestra soberbia... en suma, por tantos y tantos estímulos que ponen alerta todo un entramado psico-bioquímico, para provocar una explosión en cadena en las emociones destructivas de los demás. Al sentirnos heridos, se carga la consciencia de maldad y agredimos con palabras, y de ahí a la agresión física y la muerte sólo hay un paso.

En las familias existe el deterioro emocional por culpa de muchos factores dignos de analizar uno por uno. Y casi siempre por motivos banales. Una buena abuela puede sentirse herida en el caso de tener una nuera inconsciente e ignorante del valor que tienen sus nobles acciones. A la inversa también conocemos abuelas desastres que sólo provocan tensiones. Cuando falta amor surge la «pantomima» y la farsa y se generan las relaciones diplomáticas ficticias en el seno familiar. Es grotesco presenciar estas relaciones donde no es posible la sinceridad, ni una sintonía emocional equilibrada. Nueras y yernos envidiosos, cargados de falsos egos que provocan las distancias de seguridad, por si las moscas. Los vemos en todas las familias y son los generadores de malformaciones que traen como consecuencia, en multitud de ocasiones, la ruptura de la pareja.

La suegra es suegra y no se la puede querer como a una madre aunque exista en ella todo el amor del mundo hacia sus nietos e hijos. Es cierto que no es madre, pero si es un ser humano que día a día nos ayuda y procura amarnos y comprendernos como nuestra mejor amiga, ¿por qué vamos a negarle el derecho a ser amada aunque sea nuestra suegra?

Benditas suegras y abuelas como la abuela Catalina, que sólo saben entregar amor profundo.

Contemplar a los suegros y las suegras, los yernos y las nueras es un espectáculo espeluznante y bochornoso cuando el lado oscuro se manifiesta de continuo en la farsa y sin un mínimo de capacidad para poder romper el caparazón enfermizo que envuelve el corazón de las emociones nobles.

El sabio Leonardo da Vinci fue capaz de describir lo que es la verdad atrapada en la negra ignorancia:

«El fuego destruye todo sofisma, esto es el engaño. Mantiene pura la verdad, que es oro. La verdad no puede ocultarse. El disimulo es inútil y queda frustrado ante un juez tan severo.

Figura 13.—*Aldo con su abuela, estrella que le alumbra en la verdad.*

La falsedad se pone siempre una máscara. No hay nada oculto bajo el sol.

El fuego está al servicio de la verdad, porque destruye todo sofisma y toda mentira. La máscara está al servicio de la falsedad y de la mentira, encubridora de la verdad.

La verdad ha sido la única hija del tiempo.

Antes puede estar un cuerpo sin sombra que la virtud sin enigma.

Cuando llega la fortuna, cógela de frente con mano segura, porque por detrás está pelada.

Así como el hierro se oxida por falta de uso, el agua estancada se pudre y el frío se convierte en hielo, de la misma manera nuestro entendimiento se desgasta si no se usa.

La ciega ignorancia nos desorienta, porque no conoce la verdadera luz. Porque no conoce en qué consiste la verdadera luz. El vano esplendor nos arranca el poder de existir...

Piensa cómo gracias al esplendor del fuego, caminamos a donde la ciega ignorancia nos conduce.

No vuelve atrás aquel que está ligado a una estrella...»

Aldo sentía en su vida la verdad de una estrella luminosa: su abuela Catalina. La transparencia de sus sentimientos dejaba ver el fuego de su amor y la auténtica verdad de la existencia del amor en Catalina. Todo intento de ocultar un sol radiante es inútil. Aldo no llevaba ninguna máscara puesta para exagerar o disfrazar sus sentimientos. Nada había oculto en su interior que no saliera a la luz de su conciencia; su fuego emocional estaba al servicio de la verdad, y esa verdad era Catalina, hija del tiempo, virtud de siempre y para siempre. Fortuna para los nietos que se encuentran con ella y bendito entendimiento que destruye a la ignorancia para ver la verdadera luz del amor y del poder del existir. Aldo nunca se volvería atrás, porque estaba unido a una estrella con luz propia. Él era un satélite o un planeta joven que algún día se convertiría en estrella para iluminar con su amor el mundo inconsciente e ignorante.

Seguí hablando con él a pesar del frío:

—¿Ayudas a la abuela? Porque es muy fácil eso de que me quiere, me quiere; la quiero, la quiero... y luego no hacer nada por ella en la práctica. ¿Tú haces algo por la abuela?

—Cuando me levanto, algunas veces, no todas, le digo que si quiere que le ayude en algo, pero ella siempre me dice que no. Me dice que no, que no... Y algunas veces la ayudo y otras veces no. Y nada.

—Y tú que prefieres, ¿amarla y ayudarla o que ella sea la que te ame y te ayude a ti?

—Yo prefiero las dos cosas: ayudarla y que me ame, porque, ¡es una fuerza! Es una fuerza... que me ayuda mucho... lo he sentido.

—¿Te estabiliza?

—Sí, sí, me estabiliza y mucho. No sé lo que es «estabiliza», pero...

—Entonces, ¿por qué me respondes, si no sabes lo que te he preguntado?

—Bueno, no sé lo que significa esa palabra, pero comprendo lo que me quieres decir.

—A ver, explícate.

—Eso es como el tiempo, ¿no? Sí, sí, que yo sé lo que me dices. Cuando llueve y hace frío y tormenta está inestable, ¿no?, y cuando brilla el sol todo se estabiliza, ¿no?

—Sí.

—Pues la abuela es como el sol, estoy muy a gusto con ella. Me hace feliz. Y por tanto me estabiliza —la mente de Aldo era lógica y sorprendente.

—Te sientes protegido por la abuela.

—Pues claro, ¿no me voy a sentir protegido...? Protegido, pues... ¡Ay, que me he equivocado! Protegido... ¿cómo...? Protegido en el sentido de que me da amor y cuando me pasa algo siempre me ayuda. ¡Y la abuela para mí es un tesoro! —Aldo se hizo un pequeño lío, al comprobar que aquello que había entendido, ciertamente no lo entendía. No sabía bien el significado de mi pregunta, y dio varias vueltas tratando de entender y al final comprendió que lo había entendido desde el principio, consciente del significado de su abuela Catalina. Un tesoro de amor.

—Un día... te voy a contar una historia. Un día cuando era pequeño, yo quería irme con la abuela, lloraba y todo. Me pegaba unas panzadas a llorar, porque quería irme con ella. Mi madre me calmó y me dijo que bueno, que había que esperar a que viniese y ya está, que la abuela no se iba a ir sin mí. Y me calmé del todo cuando supe que no me dejaría tirado. ¡Bueno, venga! ¿Algo más?

—Sigue hablando de todo lo que se te ocurra.

—Bueno. Todas las mañanas cuando me levanto en casa de la abuela Catalina me siento feliz. Mientras estoy desayunando, ella aprovecha y se va hacer la cama y algunas veces cuando tengo que hace deberes me dice: «¡Venga Aldo, a los deberes que si no yo luego no quiero saber nada!», y todas esas cosas. También me hace la merienda. Eso a ella... ja, ja... no se le olvida nunca. Algunas veces me trae un bocadillo con zumo de naranja y otras veces me trae un vaso de leche con...

—Tú eres un nieto protegido y privilegiado a tope, ¿no?

—Sí. La verdad es que sí. La verdad es que he tenido mucha suerte de tener una abuela así.

—¿Cómo están las comiditas que ella te hace?

—¡Ah!, ja, ja... la verdad es que muy ricas. Sí, sí. ¡Muy ricas! Algunas veces dejo un poquito, pero son muy ricas y «vitamínicas».

—¿Y cuando se enfada...?

—Cuando se enfada, pues —se lo piensa— cuando se enfada, no es decir que me castiga con mal genio, sino lo contrario, lo dice con forma de mal genio pero no gritando ni nada de eso ¿eh? Ella dice: «¡Venga! Venga, a hacer esto o lo otro, —levanta la voz—, con esa forma, un poquito mejor. Pero con esa forma, y no me irrita. Yo, algunas veces, para hacerle rabiar, algunas veces cuando me va a llamar, me escondo y no me encuentra... ¡y hasta que me encuentra...! ¡Uy, lo que tarda!

—¿A ti qué te parece que abandonen a nuestros mayores en los asilos. O como aquellos energúmenos que abandonaron a un anciano en una gasolinera? ¿A ti que te parece todo esto?

—¿A mí? ¡Muy mal! Siento «mala leche». Mala leche y pena, porque un abuelo es muy importante para la familia. Es un padre para los hijos y es un abuelo para los nietos.

Aldo entristece y surge en él una ráfaga de ira contra aquellos que atentan contra los ancianos. Mi sobrino es todavía tan niño... y demuestra una madurez inusual. Es listo y muy humano. La inteligencia y las emociones nobles se unen formando la estructura de la auténtica sabiduría. Aldo escucha, pone atención a todo lo que se le dice. Es muy activo y revoltoso, como cualquier niño de su edad. Me sorprende la madurez de sus respuestas auténticas y espontáneas emergiendo de su *ser*. ¡Qué bien me siento cuando me encuentro con manantiales limpios de hipocresía y la verdadera naturaleza del ser humano brota limpia de egos y estructuras hediondas!

—... Es muy importante. Yo nunca abandonaría a la abuela, y si la abandonarais alguno, ¡que no se os ocurra! *¡Vamos que iría yo a recogerla...!* No la dejaría sola. Bastante pena me da de no estar siempre con la abuela. A todos estos que maltratan a los ancianos habría que —piensa para saber qué es lo mejor que habría que hacer— no meterlos en la carcel... habría que... (duda) no, lo que hay que hacer es que lo paguen con la misma moneda... ¿no...? justamente. Pero... habría que meterles una condena fuerte, porque ningún abuelo merece eso. Porque si te han cuidado bien, te han querido... nunca merecen eso.

—Cuando se hacen estas cosas con los abuelos, es que esta sociedad no es muy normal, ¿verdad? ¿Tú que piensas? Es un síntoma de deshumanización horroroso, ¿no?

—Pues sí, la verdad. Me parece muy mal. ¡Muy «bastardo», diría yo! ¡Muy fuerte! Porque un abuelo es muy importante en la familia, como ya te decía antes. No merecen los abuelos ser maltratados por ningún motivo, ni ser arrojados a la calle como una basura, y que sean abandonados es injusto, inhumano diría yo. Es que esta humanidad está destrozada, muy destrozada y no debe hacer esas cosas con un abuelo... o con una abuela.

—¿Tú sabes que de los abuelos se aprende mucho? ¿O no sabes que un abuelo enseña muchas cosas?

—Hombre, yo sé que un abuelo enseña, pero algunas veces para pensar, pero otras veces no.

—¿La abuela Catalina te ha enseñado mucho?

—¡Hombre, pues claro!

—¿Te ha contado alguna historia de cuando vivía el abuelo Laureano?

Figura 14.—*Tres nietos y la nuera de la abuela Catalina (Iván, Susana, Noelia y Paloma).*

—Muchas.

—Yo recuerdo, hace ya unos veinticinco años, que me contaban mano a mano historias de sus vidas.

—A mí me contaron una vez que las ratas se comieron todo el tocino y también se encontraron muchas ahogadas en el aceite. ¡Qué asco!, ¿no?

—Sus historias, ¿qué te enseñaron?

—Me enseñaron que las pesetitas las ganaban con mucho trabajo —las historias de la abuela Ca-

Figura 15.—*Aldo y su perro «Zar».*

talina y el abuelo Laureano eran una lección de amor y esfuerzo para ganarse la vida y sacar a sus hijos a la luz del conocimiento. Aldo aprendió de ellas a tener un espíritu de colaboración y a saber que todo en la vida se consigue con esfuerzo. Y el amor es el principal motivo que mueve a los seres humanos a luchar por aquello que creen.

CAPÍTULO VII

LA ABUELA CATALINA
Y EL ABUELO LAUREANO

Mis padres también fueron nuestros abuelos. ¡Es sorprendente!, ¿verdad? Pero es cierto. Mis hermanos y yo desde muy pequeñitos escuchamos multitud de veces historias ricas en vivencias humanas de la realidad y del proceso de sus propias vidas. Vivían tan intensa y emocionalmente, que todo cuanto les ocurría era sorprendente. Su capacidad de admiración y sufrimiento eran enormes. Amaban la vida y todas las malas jugadas eran propias del destino que les había tocado vivir, y ese destino era movido por misteriosos hilos invisibles y sobrenaturales. Creían en un Dios emocionalmente bueno, y Jesús era el buen maestro que les guiaba y les protegía.

Mis padres creían en el misterio, pero su razón les advertía continuamente que de ellos dependía su forma de estar y de vivir la vida. Las causas y los efectos de sus propias acciones dependían en gran parte de ellos.

«Fíate de Dios y no corras», «Fíate de la virgen y no corras», eran frases extraídas de las propias vivencias de sus vidas. Eran ellos los que con sus pensamientos, acciones y emociones construían su propio destino. Sabían que su mentalidad profundamente sana y solidaria constituía el gran milagro de su religión.

La Navidad, por ejemplo, fue una mentalidad hecha realidad año tras año, como un tiempo para nacer de nuevo y evolucionar en la paz y el amor, nociones del interior, que existen en los seres humanos que saben su significado profundo y son las que hacen que este mundo sea un lugar más habitable.

Sus espíritus impregnados de sabiduría natural profundamente humana y entrañable no exenta de emociones desbordadas por multitud de causas, se equilibraban con el profundo amor que generaban sus vidas. No fue fácil encontrar el camino del equilibrio y la evolución interior en la familia. Las circunstancias de la vida se torcían a menudo, produciendo drama y descontento, pero lo que más me produce admiración son los hechos y la enorme voluntad para generar un espíritu de profunda nobleza. Con el tiempo me hice consciente de esa riqueza y de la importancia que tuvieron la sensibilidad atenta y siempre conectada con el amor profundo. El drama, el sentido del humor, la pasión por sus hijos y nietos les daba fuerzas y fe para vivir la vida desde la alegría.

Aquella nochebuena de 1974 mis padres nos contaban las mismas historias que la abuela Catalina les cuenta ahora a sus nietos. Ellos se intercambiaban frases y palabras de todos los hechos que habían vivido desde que se casaron en 1951.

Me acuerdo del olor a pavo asado y la botella de vino, un rioja de la cosecha del 72, que mi padre tenía preparada para aquella ocasión, además del champán y la sidra. Mi novia Paloma y yo pasamos

Figura 16.—*Nochebuena de 1974.*

aquellas navidades junto con mi hermana Charito y mis padres. Por entonces vivían en Hannover, una de las más bellas ciudades de Alemania. Fueron momentos inolvidables.

Mientras mi madre cocinaba, un torrente de palabras salían por su boca. Mi padre se sentía feliz. Siempre lo fue cuando se unía en familia, por aquellas fechas tan señaladas y después de haber pasado verdaderas calamidades en un país racista y extraño como la Alemania de los años sesenta. Tuvieron suerte o su buen Dios les ayudó a situarse en aquella sociedad. No hay duda que el buen Jesús les ayudó, porque su vida estaba unida a Él con una fe íntegra y por Él, ¡a cuántas personas ayudaron por amor!

El economato

—¡Qué mesita más pobre!, ¿verdad? —dijo el abuelo Laureano mirando la mesa que estaba preparando mi madre para cenar.

—Pero, ¿por qué? —preguntó Paloma con un sentimiento de respeto y humildad.

—Porque es muy pobre.

—¡Qué va! —mientras, nos pasábamos fotografías de Laureano poco antes de llegar a Alemania.

—He visto una foto de tu padre y no se parece en nada —dijo Paloma— una foto que me enseñaste donde estaba muy delgado.

Figura 17.—*El abuelo Laureano, antes de irse a Alemania y un año después en ese país.*

—Si no le conocieron ni sus hijos —dijo Catalina.

—¡Ah, sí!, de los primeros años. Mi padre engordó aquí...

—Al dejar el tabaco. No ves que me fumaba dos o tres paquetes de tabaco diario.

—Cuando vino aquí a Alemania, y a los dos años cuando regresó, era irreconocible. Marianín, José y Lolo no le reconocieron. ¡Hombre, yo sí!, pero éstos decian: «¿ese es papá». Se vino de España que se le veían sólo las orejas —la abuela Catalina exageraba, pero la verdad es que mi padre de tantas «penas» como pasó en la España de los años cincuenta y sesenta, la verdad es que estaba muy desmejorado. Luchó mucho aquí y allá para sacar cuatro perras con las que no tenía suficiente para dar a su familia lo que él quería, sobre todo luz para sus mentes. Estudios para que ellos no lo pasaran tan mal como él y la abuela Catalina lo habían pasado.

—Era del tabaco, Paloma —dijo Laureano.

—Estaba seco, ¡vamos, algo sorprendente! —Laureano la interrumpió

—Yo pesaba cincuenta y nueve kilos.

—¡Vamos!, cuando volvió más gordito, llevaba veinte años menos. Se vino a Alemania viejo, viejo... ¡Bueno, era impresionante! —dijo Catalina recalcando la realidad física de mi padre.

—Ya te digo, a sesenta no llegaba... No ves que yo el trabajo que tuve fue muy duro. Luego teníamos el economato allí en Valuengo. ¿No comprendes? Mucho trabajo y sufrimiento —los recuerdos le marcaban el rostro. Laureano bregó mucho por aquellos años. Muchas fatigas y angustias para ganarse la vida. Pasó por distintos oficios y al final, antes de emigrar a Alemania, aquella tienda de ultramarinos, la única del pueblo que servía productos de alimentación a los agricultores de toda la zona.

—¿Cómo fue el fracaso del economato?

—¡Hombre, aquello no fue un fracaso! —sentí herido a mi padre. La pregunta no fue del todo acertada ni correcta. Mi madre también rectificó. Aquellas circunstancias eran evidentes, no fue culpa de ellos, sino de la mala suerte de encontrar personas indeseables que los engañaron.

—¡Un fracaso! Aquello fue un engaño y un robo que nos hicieron, ¡menudo! —dijo la abuela Catalina—. ¡Por fiarnos de la gente y ya está! Mientras papá estuvo administrando, pues... subían y teníamos unas ganancias de miedo. En cuanto llevó la administración un perito mercantil de la cooperativa, pues ahí nos hicieron el juego. En un tiempo nos dijeron que había pérdidas.

—Fíjate que fue un cuñado nuestro, Ángel, que trabajaba en el banco Central de Zafra, que manejaba una contabilidad especial y sacó... tú no veas las trampas que sacó —dijo el abuelo Laureano. Fíjate si yo tendré eso, que yo, bien lo sabe Dios que alegrarme no me alegro del mal de nadie y más teniendo hijos como tengo, ¿no?, y sé lo que eso duele. Pero el castigo antes de venirnos nosotros aquí a Alemania, o recién pasado aquello... lo vimos pero bien visto.

—Al contable de la cooperativa... —el abuelo Laureano trataba de hablar, pero la abuela Catalina hablaba deprisa con toda su emoción. Sus palabras llevaban un ritmo claro y directo hacia el suceso—. ¡Pero un castigo de miedo! Porque mira, el que era el contable, que sabía el juego ese, que Angel lo llevaba a nuestra casa y decía: «A ver si con unas copas de vino le ponemos un poquito alegrete, y éste nos canta aquí lo que hay.» Pero ese pájaro no bebía.

¿Sabes? No bebía ni agua y no había medios. Y ya, que si por aquí que si por allí y él que nada, y ya tanto, tanto que dice: «¡Lo juro por mi hija», una niña que tenía. La única niña. «¡Lo juro por mi hija... que tal y que cual!» Oye y jura, como yo le dije, digo, ¡jura una cosa tan infame!, que era verdad, por la única niña que tenía. Resulta que a los dos o tres días o así llegó una cuñada a comprar pan y me dijo: «Señora Catalina, ¿no se ha enterado usted del caso de Juan? Pues que esta madrugada se le ha puesto malita la niña. Han ido corriendo a Jerez y en el camino, en el mismo coche, se le ha muerto.» «Ay, Dios mío —dije yo recordando el juramento—. ¡Infame!» Sería una casualidad, pero eso se me quedó grabado, y le dije: «Fíjate si Dios te ha castigado, que te ha quitado lo que más se quiere.»

La abuela Catalina vivía los momentos aquellos con el mismo dramatismo de aquel día cuando pasaron los sucesos. Todos permanecimos en silencio durante su relato, nos transportó como por arte de magia al lugar donde se desarrollaron los acontecimientos. Mi padre no pudo contener su verdadero sentimiento hacia su Dios bueno.

—No puedes decir que fuera Dios porque Dios no castiga así.

—No sé —Catalina hizo una pausa. Pensaba en lo acertado de su expresión—. ¡Bueno, se dice así, no sabemos lo que será! Pero ahora mismo ese hombre cómo viviría. Y todos los chiquitos, que creo que ha tenido, dos o tres, al llegar a la edad bonita que empiezan a hablar, ¡pum!, recogidos y muertos. A mí los pelos se me ponían de punta. Bueno, pues no se quedó la cosa ahí. En ese hombre se vio el castigo de Dios, que bien sabe Dios que yo no digo que es porque yo me alegre.

—Que no, mujer, Dios no puede castigar así —mi padre insistía. No podía creer que su Dios fuera tan vengativo, pero mi madre lo sacaba a relucir cada dos por tres segura de que la justicia de Dios se manifestaba por haber jurado en vano. Pero ella también vacilaba.

Figura 18.—*Laureano y Catalina con sus hijos en aquellos años.*

—No sé —Catalina dudaba de su forma de pensar, pero se aferró a aquellos sucesos porque intuía que encerraban algo misterioso, muy ligado al juramento falso del contable, que presumiblemente les había provocado la ruina de su negocio—. No es castigo, sino un algo de decir, tú has dicho esto, pues... para que se crea en un juramento que se haga, que sea un juramento verdadero. ¡Por Dios que no se debe jurar en falso y menos en nombre de criaturas inocentes!

—En extremadura se jura por tal o por cual. Esa es la costumbre —dijo Laureano.

—O por «la Gloria de mis Muertos» ¡Vamos!, eso te impone —dijo Catalina.

—Pero bueno. También se puede jurar, porque cuando vas a un juicio te hacen jurar sobre la Biblia, o sea que el juramento no está prohibido. Porque es para que digas previamente la verdad. Es cierto que Jesús dijo: «No juraréis en su Santo nombre en vano», y creo que este mensaje tiene un significado muy amplio, el juramento tiene que ser una responsabilidad de verdad —dijo Laureano.

La abuela Catalina y el abuelo Laureano enseñaban con esta historia su profunda autenticidad. Seres verdaderos que no engañaron nunca a nadie y fueron víctimas de los engaños. ¡Qué historia tan aleccionadora para todos, hoy en día que la mentira va de boca en boca produciendo terribles humillaciones y desencanto! Ellos vivían el espíritu de

Figura 19.—*Catalina, Laureano y dos hijos.*

la verdad, intentando siempre ganarse la vida honradamente, sin engañar a nadie y ayudando a todos aquellos que los necesitaban. También, en su hogar, como en la casa de la abuela Araceli, recogieron a seres humanos necesitados y durante un tiempo vivieron con ellos como si fueran sus hijos.

Este y los otros relatos se hicieron en su hogar de Alemania.

Mi madre insistía en la narración de los hechos tal y como sucedieron, teniendo la conciencia limpia de mal y la certeza de haber sido todo obra del misterio de la vida.

—Pues mira, Paloma, no se quedó sólo en eso —dirigiéndose a mi novia—. El economato lo tuvimos cerrado durante un mes, hasta aclarar qué es lo que había pasado ahí. Y como eso estaba en poder nuestro, nosotros no dimos las llaves a nadie. Luego rompieron una ventana y se metieron allí y así abrieron. Pero, ¿sabes tú que pasó? Que cuando abrieron se encontraron todo completamente podrido y hecho mistos...

—¡Todo podrido! —afirmó también mi padre.

—Y hubo mucho más destrozo que el robo que a nosotros nos hicieron. ¿Es castigo ese? ¿Eh? Si la Divina Providencia... —la abuela Catalina no pudo acabar la frase porque el abuelo Laureano la interrumpía continuamente, queriendo también hablar de aquella historia que tanto dolor les había producido. Ella insistía en que algo sobrenatural había influido para que aquellos desalmados pagaran su despropósito. Y los hechos demostraron que ciertamente se produjeron ciertos fenómenos que hacen pensar que algo había detrás y que misteriosamente movía los hilos, aleccionando a mis padres y a aquellos delincuentes insensatos que les llevaron a la ruina.

—¡Todo se les estropeó, Paloma! —dijo mi padre. Los dos se dirigían a mi novia con emoción, sorpresa y en el fondo alegrándose de que aquellos acontecimientos fueran en contra de la maldad—, y yo los pude haber metido en la cárcel. ¡Yo los pude haber metido en la cárcel a todos porque tenía pruebas!, fíjate. Y sin embargo cogí...

—Bueno, hablas tú o hablo yo —dijo la abuela Catalina deseando vehementemente contar los acontecimientos. El abuelo Laureano la miró y le cedió la palabra. La historia la enriquecían los dos y sintonizaban en un mismo sentir objetivo, pero era imposible escucharlos a la vez, alguno tenía que llevar la voz narrativa y desde luego las ganas de contar aquella historia con todo tipo de detalles y misterio, eran de ella; de la abuela Catalina. Él le cedió la palabra con mucho respeto.

—Bueno, bueno, sí... sigue, sigue —nos hizo gracia el gesto de mi padre y reímos, y mi madre se quejó con tres palabras, dejando la frase sin terminar—. Bueno, es que... —inhibió su impulso irascible. En otra ocasión le hubiera dicho «¡Bueno, es que... ¡ya está bien, coña!», pero esta vez fue más comedida y siguió relatando su vivencia desde un ramillete de emociones precisas y evidentes por los tonos de voz que empleaba.

—Y los bidones de aceite que había, Paloma. Porque, mira, era una casa nueva donde teníamos la tienda de ultramarinos, y al ser nueva tenía un cuarto de aseo, ¿verdad?, y el «water» ese no se usaba. Basta que fuera un sitio que era comercio, eso no se usaba. Pero claro al no usar el «water» estaba seco. ¡Pero claro...!, al no correr el agua por allí, las ratas dieron en salir por allí y hacer crías el tiempo que estuvo aquello cerrado. Al ver los animalitos comida y que nadie les molestaba, pues acudían... Mira, en los sacos de arroz, los excrementos de las ratas se cogían por puñados...

—¡Hum! ¡Qué asco! —dijo Paloma.

—... en los sacos de azúcar, amontonados. El bidón de aceite... porque teníamos en el mostrador un bidón de aceite con una maquinitas de esas automáticas que miden los litros; bueno, pues la tapadera... porque claro, al hacer balance, ¿no?, ¡dejaron aquello como quiera! ¡como quiera!, todo revuelto y en los bidones de aceite se veían los ratoncitos flotando, todos así... ahogados. ¡Fíjate quién iba a querer aquel aceite! Las cajas de tocino completamente podridas por dentro... fermentado aquello. Las pilas de chorizos podridos... —el abuelo Laureano intentaba decir algo sorprendido por los sucesos narrados por Catalina.

—¡Cómo es posible! ¡Cómo es posible que sucediera aquello...! —y al instante mi hermana Charito le hacía callar porque interrumpía.

—¡Cállate, papá, jo... que no dejas... —y la abuela seguía transmitiendo ordenadamente aquel desfile de desatres que se habían producido en aquel floreciente negocio que ellos un mes antes regentaban con éxito.

—Chaquetas que había de pana y gorras de estas de... pañete; todo roído por las ratas. ¿Quieres más? Las latas de pescado de cinco kilos... «aupadas», que sabes tú que cuando una lata de conserva se «aúpa» no se debe consumir porque está mala. Al final tuvieron que coger los tractores y tirar todo al basurero y después el tocino y esas cosas, dárselo por allí a los vecinos para que hicieran jabón. Las madejas de lana, «hechas mistos», lo otro igual... ¡vamos, vamos...!, ¡todo era un desastre!

—La polilla. La polilla de la chacina empezó a atacar... —intentaba hablar Laureano, pero todavía la emoción y el protagonismo de Catalina no le dejaban.

—¡Quieres más castigo! Como se iban a llevar... nos robaron a nosotros... dijeron sí, pues ahora, ahí lo tenéis, *¡me quedé satisfecha!* —a golpes de palabra y a su forma la abuela Catalina quería decir que como se iban a llevar el negocio, aquellos miserables, robándoles su medio de vida, el misterio de la vida que para ella era la Divina Providencia (su Dios bueno y los espíritus del bien) provocaron aquella ruina. Y se alegró mucho. Fue como un triunfo para su alma, resentida por las injusticias: «*¡Me quedé satisfecha!*». Después el abuelo Laureano tuvo su tiempo para demostrar sus buenas intenciones, a través de la educación honrada y de verdad que nos estaba dando a nosotros sus hijos desde que tuvimos uso de razón. Y esa misma educación llegó hasta sus nietos y ellos transmitirán este espíritu de generación en generación a través de la herencia, los hechos y las palabras.

—Ya ves tú, yo en un año le decía a ésta: «Perra que saques de ahí, perra que pagues.» Y aquí le tenía

Figura 20.—*Foto familiar de los años sesenta.*

yo a Mariano y le decía: «Si a ti te dicen los chicos que robes caramelos tú no lo hagas.» Y cuando por la noche sobre la mesa me ponía a contar los beneficios del día le decía: «Mira, aquí tienes el montón de billetes que no eran nuestros y al lado una peseta. Esto es el mal y este es el bien. Si nos quedamos con el montón de billetes sería yo un sinvergüenza. Un ladrón. Y en cambio si nos quedamos con esta pesetita, somos honrados.» ¿Qué te parece?, ¿sabes? Yo les tenía enseñados, venga... si alguna cosa encontráis entregarla. Y llega un día el pobre Lolo (mi hermano) al maestro se encuentra un duro. ¡Ya ves un duro en aquellas fechas!, y llega el hombre: «Tenga usted, maestro», y le da el duro y no le dio ni las gracias. El pobre Lolo se fue triste y arrepentido de haberle dado el duro a aquel desagradecido, ahora resulta que ni que... ¿sabes?, ¡decía el Lolo con una tristeza! O sea, que yo educaba a mis hijos de una manera y luego los otros, me los educaban de otra... O sea, allí hubo un milagro de Dios, Paloma. O un prodigio de la naturaleza, para aquellos que no creen en nada. El caso del economato este, después a mí me dijeron que siguiera con él, pero... ¡yo qué voy a seguir, hombre!, y opté por venirme a Alemania antes de seguir con aquellos sinvergüenzas. Yo me podía haber hecho allí millonario. ¡Si hubiera sido un sinvergüenza..., me hubiera hecho con todo el dinero!; sin embargo, claro... yo salí con mis manos limpias, ante Dios. Los pobres que veía yo con necesidad, no comprendes, de pan y de otras cosas... Yo no podía ver a ninguno pasando necesidades... pues sí...

De nuevo retomó la historia el abuelo Laureano. Por fin podía hablar a gusto terminando aquella anécdota sangrante de la vida. Catalina le había cedido la palabra y se fue a la cocina para ver qué tal iba el asado. Y todos permanecimos en silencio escuchando. Su espíritu era el mismo que el de la abuela. Compartían la misma inquietud misteriosa porque, por encima de todo, en ellos exis-

Figura 21.—*En alemania.*

tía una honradez suprema y de vital importancia
Una forma excelente de saber estar en la vida. Sus
mentes y sus espíritus impregnados del mensaje
de Jesús hacían realidad las obras y las acciones.
Ellos eran auténticos y verdaderos seguidores del
maestro. *Por sus obras los conoceréis*, y yo los
reconozco, y el mundo entero los reconocerá a través del tiempo como seres celestiales. Muchos
millones de abuelos existen todavía en esta onda
de la auténtica verdad, y gracias a ellos es posi-

ble vivir en este mundo en gran parte deshumanizado. Porque la verdad es que se está haciendo relidad que... *los últimos serán los primeros,* en el mundo desértico de valores humanos.

—Yo no sé... se ve más doradito. Se ve más doradito. Es menester que por dentro también esté hecho. —Catalina nos enseñaba el asado para saber nuestra opinión.

—Déjalo que se pase, déjalo que se pase un poquito, ya verás como se hace por dentro —dijo Laureano.

—No, si ya lo sé, le voy echando caldito así por encima para que...

—Pues sí, esa historia fue muy dura, ¿no comprendes?, muy dura para vivirla. Con el paso de los años te das cuenta que la gente... no la vida... la mala gente son egoístas y de «armas tomar». ¿Y qué haces? Pues si eres bueno y honrado apartarte de su camino con las manos limpias, porque no hay nada como eso —dijo Laureano.

Hoy es día 30 de dicembre y estas historias eran contadas en las mismas fechas de Navidad. ¡Cuántas veces nos contaron sus aventuras llenas de significado! ¡Cuántas lecciones aprendidas de ellos! Todo bueno desde la memoria emotiva de las vivencias. Historias, como pequeños icebergs del mundo de la inconsciencia donde la memoria tiene un habitáculo inmenso, una zona oculta en el cerebro de los seres humanos que se despliega haciendo presente el pasado afectado de emoción.

De una historia pasaban a otra con la alegría del recuerdo, aunque éste estuviera revestido de dramatismo. Eran momentos entrañables en aquella «nochebuena». Para ellos fue una novedad la presencia de mi novia Paloma, que se convertiría en mi mujer, dos años después. Mi hermana Charito, de doce años, revoloteando sobre nosotros la frescura de su niñez. Todos muy jóvenes, como quien dice. Empezando a vivir. Escuchábamos sus historias como si de dos abuelos se tratara y eran muy jóvenes todavía. Laureano y Catalina tenían cincuenta y uno y cuarenta y nueve años, respectivamente.

¡Que se rompe el muro!

Mientras se hacía el asado nos contaron otra historia llena de sentimientos solidarios. En ella mis hermanos y yo éramos todavía unos niños llenos de vida que vibraban al compás de sus acciones, unas veces sufriendo y otras llenos de felicidad y alegría, porque a pesar de todas las fatigas que pasaron mis padres, siempre recordaré mucho amor y dedicación, siempre unidos en la salud y la enfermedad; en las alegrías y las penas...

—Tenemos historias largas por ahí... ¡Uy, Dios mío...! —dice Catalina dejándose impresionar por ese almacén que se alzaba dentro de ella; recuerdos que guardaba en su memoria. Si ella pudiera sacar a relucir todas las imágenes grabadas en su memoria; todas las alegrías y las penas; cada instante vivido y soportado en su cuerpo de mujer... ¡Cuántas reacciones produciría en esta sociedad de la apariencia! Nació mujer y como tal tuvo que adaptarse a un medio tantas veces hostil y represivo.

El abuelo Laureano tenía su oportunidad de narrar aquel suceso que en aquellos momentos era emocionante e incluso divertido de contar. No encontraba palabras para describir sus angustias y aquellas pruebas con las que el destino probaba a su familia. Cosas del azar o de la predestinación, ¡quién sabe lo que guarda el misterio de la vida a cada persona! De aquella situación que se presentaba negativa floreció algo muy importante, como un chispazo que conmueve el interior humano: la amistad, el amor, la solidaridad humana... valores que dan sentido a esa dimensión del hombre y la mujer para elevarse por encima de la bestia salvaje que lleva dentro. ¡Qué historias de la vida real y siempre impregnadas del hechizo misterioso y aleccionador!

—Venía yo de la Bazana de repartir el correo. ¡Muchacho... en una bicicleta! Y me dicen: «¡Que se marcha el muro...! ¡Tus hijos! ¡Salva a tus hijos!»

Figura 22.—*En Valuengo.*

Era Manuel, el guarda, que me gritaba desde lo alto
de una loma. ¡Que se marcha el muro!

Manuel repartía el correo por aquellos pueblos.

—¿Qué es el muro papá? —preguntó Charito.

—El muro era un pantano que habían construido sobre el río Ardila, un afluente del Guadiana, allá por Extremadura. Como os iba diciendo: «¡Que se marcha el muro, Laureano!», me gritaba la gente que me iba encontrando por el camino. Mira, empiezo a correr con la bicicleta y cada vez que quería pedalear más, no podía, porque se salía la cadena de la bicicleta. Cuanto más quería correr menos adelantaba... pero oye, y... ¡Dios mío! Gracias a un camión de la mina de hierro que pasaba por allí... de los mineros, que eso... que me ven y me dicen: «¡Qué te pasa, hombre!» ¡Que dicen que se va el muro!, digo bastante preocupado. Llevaba en las manos y en los pies unas llagas de estas... que me dolían. ¡Y llovía! ¡Cómo llovía!

—Bueno, el caso más gracioso es que éste lo sabía, pero el pantano lo teníamos allí y a mis hijos y a mí nadie nos avisó del peligro.

—¡Y estos no se habían enterado de nada! Total, que ya con el camión, me coge el amigo este... porque nosotros también teníamos allí al lado nuestras cositas: vendíamos vino, vendíamos cositas... ¿no comprendes? O sea, para ir ayudando a lo que ganaba con el correo, ¿no? Porque con aquel sueldo sólo, no podíamos tirar.

—¡Qué horrible! ¡Ya por entonces, se habían roto otros pantanos!, ¿sabes? ¡Que daba miedo...!, y se marchaban y se llevaban pueblos enteros. De tanta agua como había caído se rompían. ¡Y pobre de la gente que cogía por delante! —dijo Catalina.

—Y entonces llegué yo y los veo a todos tan tranquilos allí. ¡Hija mía...! Digo, ¡pero Dios mío, salir a correr! A Mariano, que fue el primero que vi con la cartera para ir a la escuela... ¡ya ves...! Le dio la cartera, iba corriendo y me dice a mí: «Coge la cartera de correos y sácala primero, eso es lo único que tienes que sacar, lo demás déjalo, ¡que sea lo que Dios quiera!» Porque claro, ahí estaba la documentación mía, ¿no comprendes? Todo el servicio... y amigo... la obligación estaba por encima de todo, o sea el servicio. Digo: coge la cartera de correos y sácala... y entonces, ¡corrió...!, ¡bajó...! ¡Venga!, ¡fuera...! y yo mirando mientras cogía a los tres, ¿no? Marianín, José y Lolo ya estaban a salvo y ella estaba abajo en el barracón que era nuestra casa. Rápidamente nos pusimos todos a salvo.

—Mariano, ¿ahora estás comiendo?, ahora que íbamos a cenar tempranito; son las nueve; en cuanto esté el pavo... —interrumpió la abuela Catalina dándome un bondadoso toque de atención. En aquel momento no pude aguantar el apetito y cogí una rodaja de jamón con un poco de pan. Laureano observaba e interrumpió por unos instantes la narración de los hechos.

—Asómate a ver el pavo qué pinta tiene. Ten cuidado, no sea que te vayas a quemar —me dijo.

Figura 23.—*Foto escolar de José, Mariano y Manuel.*

—Ya lo he visto.

—¿Lo has visto? ¿Y qué te parece?

—Yo creo que ya está en su punto.

—No sé, lo dejaremos un minuto más —dijo la abuela. Laureano, deseoso de seguir contándonos aquella anécdota de nuestra vida familiar, se lanzó de nuevo a la batalla de encontrar palabras y frases que nos hicieran ver y vivir intensamente todos aquellos momentos.

—Pues si me los veo allí con una pachorra, digo, anda, hijo... ¡pues vaya!, y yo un sofocón... Mira, cogimos... Vivíamos allí en un pabellón más bonito, a cincuenta o sesenta metros del río Ardila. Estábamos allí más a gusto... teníamos sembrados nuestros tomates; también teníamos gallinas, patos, conejos... ¡Qué bonito era! —recordaba el ambiente natural que rodeaba nuestra casa con especial sensibilidad. Dentro de las penurias económicas la familia vivía un orden natural de equilibrio, donde no nos faltaba de nada. Aquella casita, pabellón, barracón... ¡tantos nombre...!, pero sólo era un lugar construido y utilizado por los albañiles que construyeron el pantano. El abuelo Laureano y la abuela Catalina convirtieron aquel modesto lugar en un paraíso natural; por este motivo sus recuerdos estaban cargados de matices dramáticos, pero de alicientes naturales y humanos de considerable importancia.

—¡Si vieras qué precioso era aquello! —dijo la abuela Catalina dirigiéndose a Paloma—. ¿Un barracón tú sabes lo que es?

—No.

—Mira, es una especie de casa, haciendo así... —con sus manos la abuela Catalina dibujaba en el aire la forma curva y alargada de la estructura del barracón.

—Circunferencias... o sea unas semicircunferencias que arrancaban del suelo, y alargado —dijo Laureano.

—Largo todo —dijo Catalina.

—¿Como de piedra? —dijo Paloma.

—Sí, pero ese estaba... blanqueado... ¡precioso!, y luego el río lo teníamos allí y todo, y una alameda, precioso y sano, ¿eh?, y todo estaba pegando a la carretera... Pero luego era para verlo por dentro... ¡precioso!

—¡Sí, tenía que ser bonito! —dijo Paloma dejándose llevar por la descripción maravillosa y el convencimiento de verdad de aquellos seres extraordinarios que olvidaban por momentos los sufrimientos y desplegaban su imaginación por todos los rincones verdes y llenos de vida de su paraíso en peligro.

—¡Era divino! ¿Sabes? ¡Una frescura! —dijo Laureano.

Catalina de nuevo se hacía con la voz cantante, protagonista emotiva. Sus recuerdos eran sublimados. ¿Se elevaban por encima de la realidad o ciertamente había conseguido desarrollar su sensibilidad para poder contemplar aquel maravilloso espectáculo de formas, color, luz y vida?

—¡Precioso! Bueno, pues claro... estabamos nosotros en un bajito y el pantano nos caía al lado, los primeros que nos tragaba era a nosotros... ¡vamos, que no lo hubiéramos sentido! Y yo estaba en ese momento preparando el desayuno y... ¡había una niebla...! Le estaba yo diciendo: «Marianín, asómate a ver si viene algún camión y os puede llevar; os vais; si no, no vais al colegio.» Porque el maestro don Francisco nos lo tenía dicho, que cuando el tiempo estuviera revuelto no fueran. No les ponían falta, porque por una cosa así... que ellos tenían que ir andando, pues... Y aquella mañana estaba yo subida en un puente de tabla que allí había. Porque cuando el río llevaba mucha agua no se podía pasar al otro lado y habían construido los mineros un puente de madera y así... Porque teníamos la mina enfrente, que no lo he dicho, al otro lado del río estaba la mina de hierro, había muchas minas por allí y por este puente de tablas al que se subía por unas escaleras, y ya te digo que aquella mañana estaba yo subida en aquel puente, allí, con aquello... ¡oye, y la carretera iba de bote en bote de personal! Unos en camiones, otros en autos, otros en bicicletas, otros andando, otros... ¡qué sé yo! ¡Y no darme cuenta! Nada más que estaba pendiente del Marianín a ver si es que le montaba un camión que llegaba. Cuando veo que llegaba éste en la bicicleta y le veo que le tira la cartera y me dice: «¡Sácalos afuera! ¡Sácalos afuera! ¡Corre!», yo bajé del puente dando traspiés y corriendo cogí al Joselín y al Lolo y se los di y él los puso a salvo. Luego recogí algunas cosillas y la cartera del correo donde tenía él toda la documentación. Y me dice Cándido, aquel, ¿te acuerdas?, el chófer de un camión. Estaban subidos toda la gente en la acequia. Me dice: «¡Pero, señora, qué hace usted ahí tan tranquila!» Entonces fue cuando empecé a reaccionar y ya me di cuenta yo de aquello y entonces digo: «¡Pero qué pasa!» «Saque usted a sus hijos y véngase usted aquí con nosotros, que el pantano está al marcharse!» «¡Ay, Dios mío! ¿No me dará tiempo a sacar siquiera la ropa... lo más necesario?» «¡No saque usted nada!

Ponga a salvo a sus hijos y véngase inmediatamente con nosotros aquí!» De modo que en esto...

—Se me pone la carne de gallina —dijo Paloma. La abuela Catalina narraba los acontecimientos con una viveza inusitada. Su voz se elevaba por momentos con potencia y desgarro, para describir el peligro, la angustia de su interior... su impresión profunda al salir del estado de normalidad e inconsciencia en el que estaba sumida sin saber de los acontecimientos que sucedían a su alrededor. Las pocas palabras que tenía aprendidas, las colocaba, las descolocaba, gesticulaba... gritaba...

—... de modo que en esto, y una vez que nos habían dicho los especialistas que el pantano no se iba a romper, por lo menos en aquellos momentos, pues había unos trabajadores con burros, ¿sabes?, acarreando piedras para las obras del pueblo de Valuengo, que lo estaban construyendo. Oye, ¿y sabes qué hicieron estos pobres hombres? Cogieron todos sus burros y se presentaron allí en nuestra casa sin ningún miedo y empezaron a cargar los burros con todas las cosas de nuestra casa. Decían: «¡A ver si le podemos salvar todo lo que podamos!» Se arriesgaron y bien.

—¿Y adónde os llevaron todo? —dijo Paloma.

—¡Ah, bueno! Más arriba, en una especie de montículo muy cerca del pantano, pero no abajo, sino a uno de los lados del pantano, donde no había ningún peligro. Ya en alto y a salvo, había una casita que sirvió de residencia a los ingenieros jefes que construyeron el pantano. Pues allí nos fuimos a vivir. Estaba vacía. El barracón estaba abajo a unos dos kilometros, ya te digo, al lado mismo del río, que si se hubiera roto el muro, pues fíjate...

—Allí ya no había peligro —dijo Laureano.

—De modo que aquello estaba cerrado y deshabitado. Pero vacío. Y entonces este fue a pedirle permiso al perito y el canalla del perito dijo: ¡Ah! Refunfuñó, y no quiso ayudarnos; dijo que allí en el barracón estábamos bien y que no pasaba nada. Le dije: «Entonces coja a su mujer y a sus hijos y váyase usted a vivir allí si es que no va a pasar nada.

—Como yo le dije: «¡Qué pasa! ¡Pero bueno, muchacho!» No veas tú la que se armó —dijo Laureano.

—Y entonces, qué dijeron los trabajadores: ¿Que no?

—Se le echaron encima todos los trabajadores de la mina. ¿Tú no ves lo que es una manifestación de trabajadores? Pues lo mismo. Oye, le acorralaron, le insultaron, le llamaron de todo. ¡Qué gente! ¡Cómo reaccionaron todos en favor nuestro!

—Se fueron a la casa y rompieron la puerta —dijo Catalina.

—Sí. No... la puerta la partí yo —dijo Laureano con toda seguridad—. ¿Tú sabes lo que es una puerta de entrada, partirla así a fuerza de gancho con las manos? Pues así la partí yo. Dice el muy sinverguenza del perito: «Es que las llaves no las tengo aquí.» Entonces, le acorralaron toda la gente de las minas. Él decía que el pantano no se rompía, estaba seguro. Yo verdaderamente tenía amistad con él, pero en aquellos momentos me demostraba muy poco afecto: «Si es que seguro que el pantano no se va... no tengáis tanto miedo», decía. Pues... como decía ésta: «Pues si no se va, ¿por qué no se viene usted con su familia a vivir allí?»

—Se le abrieron tres grietas.

—El pantano está sujeto en dos sierras, ¿sabes?

—¿Y se rompió? —dijo Paloma.

—No se rompió. ¡Uy, si se rompe! Lo hubiera arrasado todo. Se habría llevado pueblos enteros y las minas habrían quedado inundadas. Por eso todos los mineros habían dejado de trabajar y se habían puesto a salvo. ¡Fue un buen susto, no te creas!

—¡Qué miedo pasamos!

—Entonces, al perito le pusieron entre la espada y la pared toda la gente. Aquel hombre se llamaba Antonio Garay. Ante la actitud de solidaridad que vio de la gente no tuvo más remedio que claudicar. Las llaves no las entregó, pero yo cogí, salté por una ventana, ¿no comprendes?, por la parte de atrás, y abrí la puerta. Mira, cogí con las manos... ¡yo no sé cómo es posible que en los momentos de tanta angustia, pueda uno hacer la fuerza tan horrible que se hace. No sé... y aquello, cuando yo vi la puerta abierta, no podía creerlo. Pero lo más sorprendente fue aquella gente. ¡Cómo nos ayudaron! Una vez que la casa estuvo abierta, fueron llegando con los burros todos los muebles y las pertenencias que había en el barracón. Me acuerdo que en un abrir y cerrar de ojos nos hicieron la mudanza. ¡Muchacho!, aquello fue emocionante, ver aquella fila de hombres caminando hacia nuestra nueva casa con alguna cosa en las manos. Eso no lo olvidaremos mientras vivamos. ¡Qué reacción, Dios mío! —el abuelo Laureano se emociona al contemplar en su mente las imágenes milagrosamente solidarias de aquel grupo de gente prestándose con afecto a su familia. Él también se sentía un héroe y no podía creer cómo todo su ser respondía en un momento de peligro para defender a su mujer y a sus hijos del infortunio. Laureano era todo amor y esta emoción hace maravillas, eleva a las personas por encima de sus posibilidades. Mueve montañas, como decía Jesús. Y movió los corazones de un grupo de gente que se unieron en un día anónimo para la historia del mundo. Un momento de esos que nunca se llegan a conocer si no hay alguien que narre los acontecimientos como sorprendentes.

—Desde luego, mira, los días más felices de nuestra vida los pasamos por allí. Por lo sano que era aquello; la tranquilidad y todo... aunque había muchos peligros, y a mí me decían: «¡cómo es posible que tenga esta mujer el valor para estar aquí en este sitio sola con sus hijos!» Porque fíjate tú éste el negocio que se traía, que llegaba siempre de noche... Y yo ahora lo pienso y digo: cómo es posible que tuviera el valor aquel que tenía, porque ni siquiera cerraba la puerta. ¡No cerraba las puertas! Y estaba pendiente de la carretera a ver si venía. Le decía a Joselín o a Marianín que se asomasen —Catalina interrumpe su narración para ir a la cocina a ver como sigue el pavo de Navidad.

—Ésta dejaba las puertas abiertas, porque teníamos la confianza de un perro que defendía a la familia que tú no veas. Yo le decía: ¿pero por qué no cierras? ¡Qué perro aquel...! Aquel perro me hablaba. ¡Aquel animal me hablaba! ¡Qué cosa más maravillosa de animal! Cuando me veía se echaba a mis brazos. Me chillaba. Pero un perro de estos podencos... ¿sabes?

—Fíjate lo doradito que está ya el pavo. ¿Estará ya por dentro asadito? —preguntaba la abuela Catalina a Laureano, buen conocedor del punto exacto de la asadura.

—No, mujer... déjale... déjale... un poco más.

—Yo creo que ya está bien —dije yo.

—No, hombre, déjale, déjale un poco más, que pase, que pase... sí, mujer —Laureano hablaba como un experto cocinero. Catalina le pedía su opinión y para él era un privilegio y un halago sentir cómo su familia esperaba la aprobación del hombre con conocimiento de causa.

El «Kiki»

El pavo volvió al horno de nuevo y el abuelo no perdió el hilo de la nueva historia que asomaba a la luz de sus emociones. Su hilo conductor en esos momentos era el «Kiki», animal al que admiraba y nunca pudo olvidar. Aventuras y animales. El abuelo Laureano y la abuela Catalina amaban profundamente a los animales. Sentían muy dentro la vida de esos seres que fueron compañeros entrañables a lo largo de su vida y que expresaban sus impulsos internos con sonidos y movimientos del cuerpo.

—A este perrito lo eduqué yo de cachorro en el Repilao, donde se crió Mariano durante dos años.

—¿En dónde? —pregunta Paloma.

—En el Repilao, en la provincia de Huelva. Pues este perro me lo regalaron unos amigos cazadores y le enseñé, tan bien enseñadito que llegaba el animal... porque los perros como son tan... o sea, como les gusta tanto lamer las manos, esto, lo otro... ¿no comprendes...? Y el pan. Estos como eran tan pequeños cogía... ¡Pumba! ¡Se lo comía el perro!, ¿no?, o se lo quita. Pero aquel perro le cogía y yo le decía: «Kiki», y le decía yo a Ma-

162

Figura 24.—*El abuelo Laureano y Marianín en el Repilao.*

riano: «dale el pan», y claro el animal, al principio, se lo comía. Pero amigo, le empecé a alum-
brar, ¿sabes? Anda, coge otra vez. Otra vez se lo
cogía, pues venga lumbre, lumbrera, porque los

animales entran así, ¿sabes? ¡Bueno! Cuando ya se hizo podenco de verdad, grande... un perro así que era blanco —señala con la mano con respecto al suelo la altura que tenía el animal—. Bueno, pues llegaba el animal y le decía yo: «¡Kiki!», le ponía el plato de comida, el pan... lo que fuera, y así... Se sentaba y hasta que no se le hacía con el dedo que aquello era para él, no lo tocaba. Y estaban los tres comiendo, o sea los cuatro... (duda) no los tres, porque Charito por aquellas fechas no había nacido. Aquel animal no permitía que se acercara nadie a ellos. ¡Qué animal tan extraordinario! Y nunca volvió a comer hasta que no se le permitía —en esos momentos llegó mi madre de la cocina y se pone al tanto de la conversación.

—¿De quién habláis, del «Kiki»? Animalito. ¡Qué pena de perro! —la abuela Catalina recordaba con tristeza la muerte tan inesperada que tuvo. Mientras Laureano seguía recordándolo con emoción en sus mejores años.

—¡Qué animal más maravilloso! Ese era el mejor guardián que tenía la familia.

—Pero si tú vieras de cachorro lo que me hizo —dijo Catalina—. Yo me hice los juegos de cama. Los bordé a mi manera y les hice cenefas a punto de cruz de ese menudito. ¿Sabes lo que es punto de cruz?

—Sí, sí —dijo Paloma.

164

—Bueno, pues... a mí me encantaba tener tendederos de ropa en un corral que teníamos allí grandísimo. Tenían una «tendelera» de sábanas tendidas... ¡de miedo! Porque me pasaba una cosa, como

Figura 25.—*La abuela Catalina y el abuelo Laureano en el Repilao.*

éste andaba al negocio, yo la ropa no la podía lavar como ahora en la lavadora, y cuando lavaba pues guardaba una montonera que daba miedo. Tenía qué sé yo la cantidad de sábanas tendidas, y como era un cachorrito y se quedaba en el corral, cuando me levanto por la mañana, me doy cuenta que el suelo estaba blanco como si huviera nevado. ¡Me entró una desesperación! «¡Ay! —digo—, ¡trae una escopeta que lo mato!» Había destrozado todas las sábanas. Pude aprovechar trocitos para la cuna, fíjate, y las tiras para vendajes. Fíjate lo que no me haría. Se dejaba colgar y, ¡qué destrozo! Me dejó en cruz y en cuadro. No tengo ningún recuerdo de las sábanas de cuando me casé. ¡Me quedó...!

—¡Madre mía! —dijo Paloma.

—Luego, lo más gracioso, otra, cogía la ropa de éstos, porque yo tenía una panera. ¿Sabes lo que es una panera?

—Sí.

—Tenía una panera de madera grande y entonces tenía yo allí al lado un cajoncito y el cesto de la ropa sucia y eso... ¡Pues luego a la burra le da por coger y roer la ropa! ¡Lo que faltaba! —hizo gracia y reímos. No esperábamos que la burra tambien hiciera trastadas de ese tipo.

—Cogía la burra... La burra aquella. ¿Te acuerdas de aquella burra?

—¿La Moína? —intentó recordar el abuelo Laureano de qué burra se trataba.

166

—¡Pero la parda no...!, sino aquella de color ceniza. Aquella bicha que tuviste tan fea.

—¡Ah, la Vieja! ¿Sí? —y por fin la encontró.

—La galga aquella. ¡Esa! ¡Qué destrozo de ropa me hacía! ¡Me ponía mala!

—Pues ese animal... pero el perro... eso fue digno... ¡vamos! —el abuelo Laureano hace renacer un recuerdo triste. Sus facciones cambian al recordar el ingrato final de aquel animal noble—, me lo mató uno, ¡cago en la mar, mira por...! —Laureano entristecía de pena. Escuchando su voz oía el sonido de su sensibilidad. ¡Qué humanidad tan grande! ¡Qué padre tan bueno y sorprendente era Laureano! Me parecía mentira su voz quebrada por la emoción después de tantos años. ¿Qué significó aquel perro para él? ¿Por qué lo llevaba tan grabado en el fondo de su alma?

—¡Qué perro más maravilloso!, y luego allí en Valuengo lo mató uno que se daba de amigo. ¡Vamos! Creí que era amigo, luego... ¡Hombre, que son órdenes! ¡Son órdenes!, me dijo después de haberlo matado. Cuando me dijeron que habían matado el perro, no lo podía creer, fíjate. ¿Te acuerdas, Mariano?

—Sí. Yo lo vi hinchado en aquel pinar.

—Disgusto más grande no se podía recibir. Fui a reconocerlo. Lo vi muerto y... ¡fuera! Vi que fue verdad, lo vi muerto... y ya nunca más volví a tener un perro de esa categoría. Se acabó.

167

Figura 26.—*Charito, Mariano y el perro.*

—Sí. Luego tuvimos un perro pequeñajo que nos lo regaló el cura de Valuengo —dijo la pequeña Charito.

—Sí, pero yo no lo conocí. Yo me vine en aquellas fechas a Alemania —la muerte de aquel animal tomaba una dimensión sentimental semejante a la pérdida de un familiar. ¿Por qué se desarrolló en el abuelo Laureano aquella sensibilidad tan grande hacia el «Kiki»? San Francisco amaba a los animales y les quería en profundidad como si fueran hermanos. Laureano y Catalina también habían desarrollado esa sensibilidad tan grande. Los animales eran también sus hermanos.

—Fíjate en Galicia el destrozo que están causando los lobos— la abuela Catalina anticipaba la historia del «Kiki» con el recuerdo de los lobos. Un pensamiento que daría lugar a desmadejar todo un encadenado de pensamientos vividos en el pasado. Laureano, mientras, servía unos vasitos de vino de Rioja. El vinillo tenía para él un significado de convivencia y alegría.

—Esto son lágrimas del Señor —decía, mientras llenaba unos vasitos de vino para él, para Paloma y para mí.

—No, no... ya no me eches más. Ni a ella tampoco que luego se marea —dije cuando vi que llenaba en exceso los vasos.

—Pero si con un vasito no pasa nada. ¿No veis que son lágrimas del Señor?

—¿Eh? No, no... ya no me eches más que me he tomado tres. ¡Bastantes lágrimas tengo yo ya, no me des más! Je, je...

—¿Cómo? —preguntó Laureano intentando descifrar lo que quería decir Paloma.

—¡Que bastantes lágrimas tengo! Ja, ja, ja... —Paloma se emocionaba con mucha facilidad y lloraba. Las historias de la vida de los abuelos habían removido su sensibilidad y de cuando en cuando brotaban sus lágrimas al comprender en lo más íntimo de su ser el sufrimiento de la lucha por la supervivencia y las circuntancias adversas que la vida puso en el camino de mis padres.

—¡Que no! ¡Pero si es que... ¡Pero... no! ¿Cómo? ¿Lágrimas del Señor? Entonces ya... yo no sé cómo se llaman, mira —Laureano daba la sensación de estar bromeando, pero en el fondo se había hecho un pequeño lío al comprender el sentido profundo de las lágrimas del Señor y las lágrimas que Paloma había vertido en aquellos vasos, toda una simbología de profundo sentimiento emotivo.

El «Kiki» y los lobos

—Mamá, cuenta la historia del «Kiki» en la Bazana. ¡Anda! —le dije.

—Esa... esa historia sí que la sabe ella. ¡Cuéntala! Cata, ¡anda cuéntala!

170

—¡Ah...! Éste, como tenía negocio, ¿no?, pues... Esto fue en la Bazana. Nosotros teníamos allí un «cacho comerzucho» en la lonja, ¿no? Fue cuando terminaron de construir el pueblo; entonces, todos los trabajadores y tractoristas que había por allí, pues los mandaron al otro pueblo, que se llamaba Valuengo y fue donde nació Charito. Era un pueblo en construcción. Bueno, pues nosotros vivíamos provisionalmente en una casa hasta que hicieran nuestra casa. Y por donde ya se terminó el pueblo y estaban pendientes de repartir las parce-

Figura 27.—*La alegría del abuelo Laureano era el buen vino.*

171

las y admitir a todos los colonos y eso, y entonces al pueblo ese iban los trabajadores, pero a la seis de la tarde se queda aquello completamente solo. Se marchaban los trabajadores al otro pueblo y nada más que quedábamos nosotros y el guarda allá en la otra punta del pueblo. Y éste, pues tenía que... —Laureano la interrumpe.

Y en los cortijos que había al lado, que había muchísimos, ¿no comprendes? A doscientos metros, a medio kilómetro...

—Como iba diciendo... y éste se tuvo que echar al negocio porque aquello ya no tenía el ambiente suficiente y se marchaba ese día a... (recuerda)... a Fregenal de la Sierra. Al negocio de cosa de chacina. Y entonces dice: «Mira, no sé cuantos días estaré fuera, yo procuraré estar lo menos posible.» Por aquel tiempo estaba de ocho meses de Manuel (su tercer hijo). Y resulta que, a las seis de la tarde, como se quedaba aquello solo, pues a Marianín y a Joselín los llamaba yo para recogerlos y cerrar ya la puerta. Como era invierno se hacía de noche muy rápido. Aquello me imponía porque todas las casas estaban vacías. Pues decía: «¡Marianín!», y oía mi voz en todas las casas. Oye, cuando veo las películas esas de miedo, se me recuerda aquello. Así que ya con miedo los llamaba, o por señas, ¡porque se oían los ecos! Parecían estas casas de cuando la guerra, que se quedaba todo destruido y en silencio, y tambien se oía el eco. Bueno... ¡aquello imponía!

Figura 28.—*Manuel, el primer niño nacido en la Bazana.*

Pues los recogía ya... y yo tenía siempre preparada una escopeta. Éste me tenía dicho: «Tú nada más que sientas lo que sea», y la Guardia Civil que pasaba por allí, siempre eso, me decían: «¡Usted no tenga miedo! Mire, usted cuando se encuentre sola... —porque ellos conocían la vida nuestra por allí— usted no tenga miedo; vamos, si le forzaran la puerta o lo que sea, usted pega un tiro y si usted mata a quien sea, no pasa nada. Saca usted la escopeta por la cocina y no le pasa nada. No tiene que abrir puerta ni nada, por la misma ventana esa, dispara usted y... ¡fuera!», me decía. Yo la escopeta la tenía siempre preparada. Pues éste se iba y el perro lo encerraba yo en el corral. Pero... que las paredes eran de miedo... muy altas. Y como iba diciendo, yo encierro mi perro en el corral y nosotros ya dentro de casa. Y allá a medianoche... Yo cuando me quedaba sola tenía la costumbre de acostarlos conmigo. Me acurrucaba con ellos y así yo me sentía más segura. Eso de verlos separados, no sé, pensaba que les iban a pasar algo. Me los acostaba conmigo... Pues allá a medianoche veo que el perro estaba ladrando de una forma poco normal. Me estaba avisando de algo. ¡Ay!, yo me pongo alerta y pienso: ¡Madre mía, quién vendrá, quien será...! Tenía tanto miedo que cogí la escopeta y me preparé, pendiente de que llegara quien fuera. Y estos dos allí acurrucaditos ellos. Y el perro venga a ladrar y ladrar. Y de la ventana donde yo dormía, fíjate, se venía como guardándome... ¡cómo se saltó aquel perro las paredes del corral y se vino cerca de donde estaba con mis hijos! ¡Yo no sé cómo pudo agarrarse a las puertas y saltar! ¡Yo no sé! Se saltó y se vino a guardarme a mí del peligro. Se puso al lado de la ventana y ladraba y ladraba. A veces me miraba como diciendo: ¡Aquí estoy yo!, estáte tranquila, y venga a ladrar y ladrar sin descanso. Y pasaba el tiempo y no terminaba de llegar quien fuera. Mira, pasé una noche, que eso no se lo deseo a nadie. Pero nada más que veo entrar la luz del día... yo ya viendo la luz del día ya no me daba miedo. Lo primero que abro es el corral y me veo las puertas... porque yo esperaba que hubieran estado las puertas del corral abiertas... que hubiera entrado alguien, y las puertas estaban como yo las dejé. Y este perro, ¡ay, Dios mío! ¿Por qué habrá estado ladrando toda la noche? Bueno, pues abro el comercio y empieza a venir gente. Y ya digo, hay que ver. ¡Qué noche he pasado! El perro se ha pasado toda la noche ladrando. Por aquí ha habido gente. Cuando empiezan a llegar los pastores que iban allí a comprar y dicen: «¿Sabe usted lo que ha sido? Un grupo de lobos de miedo.» Cuando me doy cuenta, y por la misma puerta, porque la acequia la teníamos muy cerquita, por donde pasaba el agua, y allí mira, la cantidad de pisadas que había. A una pastora le habían matado, ¡que sé yo cuántas ovejas...!, y en el cortijo de Guzmán... de becerritos y eso que tenían

175

le hicieron un buen destrozo. ¡Yo las pasé canutas aquella noche! No me quiero ni acordar.

La abuela Catalina daba por finalizado su relato. Todos comprendimos las penalidades de aquellos tiempos y el sentido que tuvo el «Kiki» en nuestras vidas. Entendimos el sentimiento tan profundo que albergaba el abuelo Laureano por aquel animal. Era verdadero amor, porque se unió a la intimidad emocional de todos los miembros de la familia, como un protector de pleno derecho a defender aquello que consideraba suyo. Así son los perros, esos animales de compañía que se adaptan a nuestras costumbres y llegan a ser uno con el núcleo familiar. ¡Cuánto nos enseñan estos animales!, y sin embargo son considerados por las mentes vulgares

Figura 29.—*Laureano, contemplando unos animales.*

y ordinarias como «animales» en un sentido simple y peyorativo de la palabra.

Laureano y Catalina sabian comprender el significado de los *animales* en profundidad y los trataban con mucho respeto. Los observaban y sacaban conclusiones, muy gratificantes y aleccionadoras.

—Mira, esta es la sidra, y las otra botellas que están en la nevera son de champán. Yo no sé cuál os gustará más.

—A Paloma y a mí nos gusta la sidra —dije.

—Y a mí también me gusta —dijo Charito.

—Bueno, pues ya está: todos sidra. Tráele... tráele... Charito la botella aquella de manzana.

—¡Ah, ya no hay!

—¿Ya no hay? ¿Cómo que no hay de manzana? —dijo Laureano.

Y de esta forma disfrutábamos de las bebidas y el pavo, que por fin se sirvió en su punto. Después cantamos villancicos, hasta altas horas de la madrugada.

¡Ay, los abuelos, qué grandes son! ¡Qué riqueza de valores y sabiduría pueden aportar a las generaciones venideras. ¡No sabéis vosotros cuánta humanidad transmiten esos seres buenos, emancipados del egoísmo y la avaricia de este mundo!

Los abuelos buenos y nobles pueden reconducir este mundo mezquino hacia otras metas, donde el corazón sea el principal protagonista de la vida.

¿No es mejor escuchar a los abuelos y entenderlos, que ver tanta televisión basura? ¿Tener con ellos charlas donde las emociones se entrelazan y dan sentido a sus vidas y a las nuestras hasta el final de sus días? ¿No es mejor esto que la deshumanización que impera cada vez más en los hogares?

Reflexionemos, y pongámonos en marcha para evolucionar hacia otro tipo de mundo más humanizado, porque ellos sirven y nos esperan con sus mentes abiertas para contarnos sus vivencias y la forma original que tuvieron de afrontar las vicisitudes conservando lo más importante, la humanidad y el sentido de la evolución que nos hace crecer por dentro para ser humanos gigantes.

Nunca despilfarréis la fibra humana de nuestros mayores porque con ella podréis construir los lazos de la eternidad humana que nació en el *ser* misteriosamente, para identificarnos en un proceso incomprensible pero razonable, al que siempre estamos abocados. La maldad y la ignorancia alteran ese proceso con estallidos de soberbia, odio, ira... son bombas que modifican nuestros estados. Bombas que estallan y luego no queda nada de ellas porque todo vuelve al silencio. Silencio de muerte por tantos errores cometidos o silencio de vida donde la sabiduría aflora con la misma fuerza de la naturaleza en su conjunto evolutivo y armonioso.

Somos los seres profundamente silenciosos, y es ahí donde se esconde el origen y sentido de nuestra existencia. Así los seres humanos, con la edad y en la última etapa de la vida, empiezan a silenciar sus mentes de todas aquellas aparatosidades que la existencia trajo consigo. Vuelven a ser niños y sorprendentemente nace de nuevo en ellos la alegría de vivir. En esta etapa se valoran aspectos que en la juventud no se sabían apreciar. Se abren los poros de la piel sensible, por llamarlo de alguna forma, y la vida se ve con otros ojos, libre de filtros y nubes borrascosas. No cabe duda que la ancianidad trae consigo muchos problemas de enfermedades muy

Figura 30.—*El abuelo Laureano y la abuela Catalina, con su hijo primogénito.*

diversas que ponen a prueba a las familias, pero donde hay amor se superan todas las barreras, hasta que la muerte se lleva a ese cuerpo arrugado que albergaba un alma sensible y penetrante; conciencia del cosmo como un privilegio que el misterio nos concedió a todos para seguir aprendiendo a conocer los secretos que guarda el origen de la existencia. Y ésta seguirá manifestándose con palabras. Las palabras de la abuela Catalina y el abuelo Laureano, si os habéis fijado, al final recobran su auténtica naturaleza, ellos se expresaban así. No habían estudiado gramática. Se comían los verbos, alteraban el orden de las palabras... pero, en efecto, su naturaleza auténtica y sus vivencias enganchaba poderosamente. ¡Para qué más!

CAPÍTULO VIII

EL VALOR DE LA VEJEZ

Vuelvo de nuevo como al principio, a ese reloj biológico que todos llevamos dentro y ese desgaste celular que nos lleva irremediablemente al final.

Vuelvo de nuevo a reflexionar sobre la larga vida que la ciencia nos promete: jóvenes a los cien años y abuelos a los ciento cincuenta. ¿Y para qué vivir tanto tiempo? ¿Quién desea vivir tanto? ¿Sólo los ciegos mentales, los necios y los insensibles desean seguir disfrutando de su habitáculo aséptico de sentimientos, encerrados en su propio disfrute egoísta? ¿Aquellos que nunca percibieron el sufrimiento de los demás? ¿Aquellos que tuvieron la suerte de alargar la eterna felicidad ficticia? ¿Qué hombre o mujer sensible que sufre día a día viendo el panorama cruel, fratricida e inhumano quiere alargar sus días? Ninguno de estos seres está por la labor de seguir con vida ni un solo segundo más de los que se le han concedido. Podemos vivir muchos años; pero, ¿para qué si no servimos para nada? Vergüenza me dan esos millonarios que se someten a tratamientos para alargar su vida, sus vacaciones y tomar el sol más tiempo, con el único objetivo de ponerse morenos. ¿Qué sentido tiene la larga vida si somos inhumanos y descerebrados? ¿Qué tipo de mundo tan estúpido es este que no piensa ni siente? ¿Para qué tantos años para tan poco cerebro? Pero, sin embargo, es necesario que vivan mucho tiempo todos aquellos que han entrado por el camino de la sabiduría y necesitan tiempo para resolver los graves problemas de la humanidad. Todos deseamos que vivan los hombres y mujeres buenos. ¡Que no se vayan porque el amor de sus vidas es nuestro consuelo, nuestro alimento y nuestro futuro! ¡Porque cada vez que muere un ser bueno, todos vibramos deseando que hubiera vivido más tiempo, deseando su eternidad! Ellos sí merecen vivir más tiempo; los demás, ¿para qué?, si sólo les interesa su marcado egoísmo.

La ciencia investiga en diversos campos para conseguir alargar la vida sólo porque será el negocio del siglo XXI. ¡Parece mentira, pero sólo donde hay negocio se avanza! Esta realidad me lleva a pensar que el crecimiento interior y los valores de los seres humanos se han detenido o están estancados, porque no es negocio. Con humanizarse no se gana nada; al revés, se pierde, porque las sociedades caminan por otros derroteros: ¡las ganancias mercantiles! Pero cuando al gran negocio se le abran los ojos y vea que la investigación interior y el crecimiento humano le reportará grandes beneficios, entonces se investigará para encontrar respuestas y soluciones al mundo decadente e insensible del interior. ¡Se invertirán grandes cantidades en educación para enderezar a la humanidad desde la infancia con un propósito rentable! ¿Será cierto esto que pienso, o no estoy en mis cabales?

Habría que crear otro sistema donde el poder y la importancia del dinero se anulen por completo para reducir el ansia de poder, el egoísmo... y en suma, todo aquello que enloquece al mundo entero.

La ciencia es un gran negocio que fabrica productos y nos beneficia a todos, es verdad, pero también corremos muchísimos peligros, y uno de ellos es el desajuste y la destrucción del mundo. Por un aparente bien podemos desencadenar males mayores. No podemos olvidar que somos ciegos ingenuos que ya estamos alterando un orden sabio, estructurado desde el origen de los tiempos. Ciegos que guían a otros ciegos a precipitarse en el vacío. Me gustaría estar equivocado, pero tengo muchos motivos para pensar que el ser humano está cometiendo un grave error al salirse fuera de los límites establecidos por un orden superior a él mismo. Me gustaría equivocarme al pensar que la maldad existe. Me gustaría tener la certeza de que la deshumanización no existe, pero es mentira; al despertar mi consciencia, he visto un mundo lleno a rebosar de cerebros peligrosos e inhumanos, donde las bajas emociones luchan por abrirse camino con hostilidad. Me gustaría equivocarme para pensar que el mundo es bondadoso y no existen el egoísmo, los resentimientos, la ira... que cada ser humano lucha en favor de los demás para hacer más grata y feliz su existencia. ¡Pero es mentira! Cada vez veo más locos por ganar y el egoísmo y la ira ciega sus corazones y los deshumaniza hasta el extremo. No puedo creer que el ser humano investigue la longevidad para el beneficio de la humanidad sin pensar que detrás existe la maldad ruín e inhumana que pretende desequilibrar un orden perfecto, incluso con sus enfermedades y la muerte, porque si es así, ¡por algo será! No pretendamos saber más que la propia creación, porque todo en la naturaleza tiene sentido lógico y razonable. El sufrimiento tiene un sentido y la enfermedad también. La vida corta tiene sentido y la vejez también, pero desde un orden natural y no desde un orden económico, sintético y artificial.

Me gustaría equivocarme y que todo el proceso de evolución científica fuera como una prolongación de la evolución natural. Me gustaría que la abuela Catalina viviera doscientos años, pero ella se niega a vivir tanto tiempo, porque ama mucho y sufre mucho, y sabe que tiene un tiempo marcado por el misterio de la creación profunda. Después no importa que exista el cielo o la nada, sólo la vida sensible y sentida; el corazón y el alma buena del mundo, sólo eso merece la pena. Aunque una vida exista un día con una sonrisa, un mes o un año con alegría... ¡ya merece la pena! Ciento cincuenta años de insensibilidad y ceguera son muchos años; para esto, mejor no nacer. ¿Quién podrá convencerme de lo contrario cuando estoy tan seguro de lo que pienso? Si me equivocara y el mundo fuera otro, ¡qué alegría! Pero ciertamente es el mundo que tenemos, desagradable y martirizado por el egoísmo de unos pocos, esos que sueñan con la eternidad para seguir haciendo mal o estar eternamente de vacaciones para ponerse morenos para siempre. ¡Qué frivolidad! ¡Qué estúpida vulgaridad y qué mal gusto, cuando millones de personas necesitan como mínimo comer un poco cada día y nada más! Pero así es la gente vulgar y hay mucho por desgracia en este mundo. Pero no quiero seguir, porque parece que me aparto del tema, aunque todo tiene relación.

Llegar a viejos tiene un significado profundo, pero si la familia y la sociedad no saben reconocerlo de nada sirve.

Qué conmovedor es escuchar esta humilde declaracion:

«Desearía que todas las personas del mundo fuesen amables y dulces como mi madre. Recuerdo lo mucho que trabajaba cuando yo era niña. Lavaba la ropa, y lo hacía a mano. Arreglaba ropa y hacía preciosos vestidos con el material que la gente le traía. Cocinaba y hacía el pan para nuestra familia, y traía comida para nuestros vecinos, que eran muy pobres.

Mi madre siempre me hizo sentir segura y feliz. Siempre estaba dispuesta a ayudarme. Le gustaba ayudar a todos.»

DONNA COHEN

Nelson Mandela

El valor de la vejez de otros seres humanos es heroico y sólo el amor profundo por los demás les da un significado sorprendente, como es el caso de Nelson Mandela, de ochenta años de edad. Este hombre posee una sonrisa franca y la más famosa del mundo entero. Es la imagen de la eternidad porque este hombre es un gigante moral de nuestra época, un hombre que va a inspirar a la humanidad para siempre.

Este hombre, ya abuelo, sí que tendría que vivir para siempre, porque fue y es un hombre bueno, un ejemplo de humanidad sin límites que cuenta su vida como si de una broma se tratara, cuando le sentenciaron a cadena perpetua. Pero se toma en serio y sin frivolidades los derechos humanos a los que defendió con espíritu de verdad a prueba de cárcel y de torturas.

«... Con la excepción de las atrocidades cometidas contra los judíos durante la Segunda Guerra Mundial, no hay ningún crimen que haya recibido una condena tan generalizada del mundo entero como el *apartheid*. Y lo peor es que una comunidad —una minoría que decidió suprimir a la abrumadora mayoría del país— utilizó el nombre de Dios para justificar las barbaridades cometidas contra la mayoría de la población; no creo que haya en la época moderna nada que haya suscitado tanta repugnancia, con la excepción de las atrocidades contra los judíos, como ya he dicho.

Hemos exhumado tumbas en las que había personas asesinadas sólo porque osaron enfrentarse a la superioridad de los blancos; hombres, mujeres, niños, ancianos... Un solo muerto es ya demasiado. Pero si oye las atrocidades que se cometieron aquí contra personas inocentes, no hará esa distinción. Fue horrible, y no es más que parte de la historia; hubo demasiado sufrimiento para mucha gente, y hay ocasiones en las que la agresión física no es tan grave como la opresión psicológica que padeció la población negra durante el *apartheid*.»

NELSON MANDELA
(*El País Semanal*, 6-XII-98.)

Despedida

Aquí finaliza este libro. Como en todos los demás, te agradezco el interés mostrado, esperando haber llegado un poco a tu fibra humana, para que entiendas el valor supremo de nuestros buenos abuelos y abuelas.

Si eres joven, no sientas nunca ningun menosprecio por la edad de nuestros mayores; muy al contrario, ámalos, respétalos y aprende de ellos, porque son manantiales de valores necesarios que tenemos que asimilar los más jóvenes. Ellos, a su edad se convierten en testigos de los comportamientos, y desde la gratuidad más absoluta, aportan el buen saber que los años y la experiencia les reportaron.

Aprende de sus buenas enseñanzas, para que en tu interior brote la semilla del gran árbol de esperanza, para el futuro de la humanidad.

ÍNDICE